구원에 이르는 믿음

구원에 이르는 믿음

ⓒ 김민규, 2025.

이 책에 인용한 성경전서 개역개정판의 저작권은
(재)대한성서공회에 있습니다.

히브리어와 헬라어 단어 뜻풀이는
『디럭스 바이블 인터내셔널』을 기준으로 하고
네이버 사전을 참고했습니다.

도서출판 인오 In Awe 는 머리 되신 그리스도를 경외하며
즐거이 그분의 길을 걷는 사람들의 목소리를 글에 담아 세상에 전합니다.

구원에 이르는 믿음

김민규

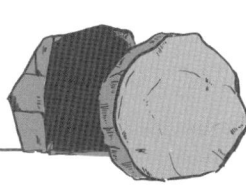

믿음의 문제로 고뇌하고 눈물짓던 모든 이들에게
자유와 감격과 위로를 담아 이 책을 드립니다.

편집자 서문

이 책은 기독교의 믿음에 대한 것입니다. 이 믿음은 하늘로부터 와서 인간을 구원하여 믿음의 주인이신 하나님께로 인도합니다.

동시에 이 책은 그리스도 안에서 새 생명을 선물받고 이 땅에서 이미 하나님의 나라를 누리는 사람들의 믿음의 삶에 대한 것이기도 합니다. 그리스도와 연합되었기에 그리스도인이라 불리는 이 사람들은, 세상이 알지 못하는 소망을 품고 그리스도의 십자가를 지고 골고다 인근의 어느 열린 무덤 문 앞에서 시작된 그분을 향한 길을 자유롭게 걸어갑니다.

저자는 전작인 『씨 뿌리는 자의 비유』(인오, 2024)에서 하나님의 구원 사역을 농부, 씨앗, 밭의 이미지를 사용해 비유적으로 묘사했습니다. 이번 책에서는 성경의 여러 등장인물들과 사건들을 통해 하나님이 이루신 일을 구체적으로 이야기합니다. 예를 들어 전작에서 예수님의 십자가를 '땅에 떨어져 죽는 한 알의 씨앗'이라는 상징으로 그려냈다면, 이번에는 그분이 십자가에 높이 들리셔야 했던 이유와 그 일이 이루어진 과정을 자세히 이야기합니다. 그 이야기 속에 담긴 예수님의 십자가에 연루된 사람들의 목소리는 오늘날 우리의 구원과 십자가의 관계를 생생하게 증언합니다.

책은 세 부분으로 구성되어 있습니다(예수 그리스도의 십자가 능력을 온전히 드러내기 위해 히브리 문학의 샌드위치 구조를 차용했습니다. 샌드위치 구조에 대해서는 67 페이지의 설명을 참조하십시오.).

첫 번째 부분(A)은 하나님의 백성 이스라엘의 믿음에 대한 이야기입니다. 이 믿음은 하나님의 선택을 받고 계명을 받았으나 자기 힘으로는 하나님의 법을 지킬 수 없어 넘어진 채 약속하신 구원자를 바라던 믿음입니다. 수건을 쓰고 보는 듯 희미하고 답답했던 그들의 믿음은 메시아 예수를 향하며 그분을 증언합니다.

두 번째 부분(B)은 예수 그리스도의 믿음에 대한 이야기입니다. 하나님의 아들이 사람의 몸을 입고 가장 낮은 곳으로 오셨습니다. 그분은 당신의 땅을 거니시며 당신의 백성들을 먹이고 치유하고 가르치셨습니다. 그런데 그분의 백성들은 하늘의 빛이신 그분에 의해 자신들의 치부가 드러나자 자기들의 왕을 거부하고 이방인에게 넘겨 십자가에 못 박았습니다. 모세가 광야에서 뱀을 든 것처럼 장대에 높이 들려 죽기까지 아버지께 충성스럽게 순종하신 그분의 신실하심이 예수 그리스도의 믿음입니다. 예수님은 당신의 믿음으로 이 땅에서 하늘의 일을 행하여 인간이 구원받을 길을 만들어 내셨습니다.

세 번째 부분(A')은 교회의 믿음 이야기입니다. C가 아니라 A'로 표기한 이유는 교회의 믿음이 이스라엘의 믿음의 연장이면서도 그 믿음을 앞서는 신비한 것이기 때문입니다. 부활하신 예수 그리스도 안에 있는 생명의 빛이 비취어 은혜로 그분을 알게 된 사람들은 성경에 기록된 이스라엘의 삶을 회고하며, 아브라함과 선지자들이 그토록 보기를 바랐던 인자人子의 믿음 안에서 마지막 때를 살아갑니다. 교회의 이 믿음은 이스라엘의 메시아 예수로부터 시작되어 믿음의 주인이신 그분을 향하고 기다립니다.

A와 A'는 샌드위치의 주인공인 속재료 B를 받치고 있는 위아래 빵입니다. 사람을 구원에 이르게 하는 믿음의 핵심은 예수 그리스도의 믿음(B)입니다. A는 B를 향하고 B는 A를 완성합니다. B는 A'를 만들었고 B에 연합된 A'는 B와 함께 B를 향해 걸어갑니다. 그런데 예수 그리스도는 하나님이시며 그분의 십자가는 창세 전부터 준비되었으므로 B는 A와 A'를 본래적으로 앞섭니다.

책 중간중간에 자리한 회색 상자에는 본문과 연관하여 더 나누고 싶은 저자의 생각이나, 관련 성구와 책 등의 관련 자료를 담았습니다. 본문에 집중하며 회색상자는 건너뛰셔도 되고 함께 천천히 음미하셔도 됩니다.

정성스럽게 준비한 샌드위치가 나왔습니다.

맛있게 드십시오.

현대 사회에서 '믿음'이라는 말은 이성적이고 지적인 동의와 신뢰를 뜻합니다. 그러나 신약성경을 기록하는데 사용된 헬라어에서 '믿음'은 마음으로 믿는 것과 믿는 바에 따라 충성되게 살아감을 구분하지 않았습니다. 인간을 구원한 믿음은 예수 그리스도의 믿음입니다. 이 문구가 어색하실 경우 예수 그리스도의 신실함이라고 읽으셔도 의미가 같습니다.

> "그리스어 πίστις(피스티스)는 저자 혹은 독자에게 '신실'과 '믿음' 사이를 구분할 것을 요구하지 않는다. 두 개념 모두 이 하나의 용어에 포함되어 있기 때문이다."
>
> _리처드 B. 헤이스, 『예수 그리스도의 믿음: 갈라디아서 3:1-4:11의 내러티브 하부구조』, (에클레시아북스, 2013), p.503.

예수 그리스도의 믿음은 인간에 대한 하나님의 결단이며, 인간

의 믿음은 하나님에 의해 맺힌 열매라고 이해할 수 있습니다.

"πίστις Ἰησοῦ Χριστοῦ(예수 그리스도의 신앙[믿음]이라는 신비의 소유격)를 생각하며 또 그 동일한 것을 말하는 바울의 또 요한의 많은 구절을 생각하는데 … πίστις Ἰησοῦ Χριστοῦ (예수 그리스도의 신앙[믿음]) 안에서 우리는 인간에 대한 신적인 결단이 내려지는 것을 본다."

_ 칼 바르트, 『교회교의학 Ⅰ/1; 하나님의 말씀에 관한 교의』, (대한기독교서회, 2003), pp.299-300.

"만일 믿음이 인간에 대한 '하나님의 사역'이 아니라면, 그것이 어떻게 인간을, 그것이 인간을 높이는 만큼 그렇게 높일 수 있겠는가? … 하나님이 인간의 믿음을 일깨움으로써 인간에게 헌신하기 때문에, 하나님에게는 불가능한 것이 없다. 하나님에 의하여 일깨워지고 움직여짐으로써, 인간은 믿을 수 있으며, 그는 그렇게 한다."

_ 칼 바르트, 『교회교의학 Ⅲ/3; 창조에 관한 교의』, (대한기독교서회, 2016), pp.340-341.

차례

저자 서문 _15

A 이스라엘의 믿음

1장 여리고의 기생 라합은 어떻게 구원받았나? _23
여리고의 그 기생
라합의 불안
그리스도인의 믿음

2장 유대인의 지도자 니고데모는 왜 알아듣지 못했나? _41
하는 일 vs 되는 일
하늘의 일
거룩한 산부인과

B 예수 그리스도의 믿음

3장 풀려난 강도 바라바는 어떻게 됐을까? _67
빌라도에게 넘겨지신 예수님 (A)
십자가로 넘겨지신 예수님 (A')
풀려난 바라바 (B)

4장 왜 하필 구레네 시몬이었을까? _87
두 시몬 (A)
예수님의 십자가 (B)
백부장 (A')
그리스도인의 십자가

A' 교회의 믿음

5장 누가 우리에게 복음을 전해 주었나?　_113
　　숨죽인 여자들
　　자포자기한 아리마대 요셉
　　무모한 시도
　　하나님의 일하심

6장 율법교사는 그의 이웃을 사랑했을까?　_137
　　누가 율법교사의 이웃인가?
　　성령이 임하시면 너희가 권능을 받고
　　율법교사는 그의 이웃을 사랑했을까?

저자 서문

　2020년 개봉한 영화 〈악마는 사라지지 않는다〉에는 믿음을 증명하려다 비극에 빠지는 인물들이 등장한다. 태평양 전쟁에 참전했다가 전역한 윌라드라는 인물은 전쟁의 트라우마에 시달리며 교회를 멀리하지만 아내가 암에 걸리자 그녀를 살리겠다며 사랑하는 반려견 '잭'을 십자가에 매달아 하나님께 믿음을 보이려 한다. 같은 마을의 목사 로이는 자신이 하나님의 보호를 받는 사람임을 증명하겠다며 거미 수백 마리를 머리 위에 쏟아붓더니, 한술 더 떠서 사랑하는 아내를 죽이고는 믿음으로 부활을 선포하기까지 한다(당연히 아내는 살아나지 못했다.). 하나님을 믿는다며, 믿음을 증명하려 참혹한 비극을 자초한 것이다.
　영화 속 이야기라서 다행이지만 한편으로는 묘하게 현실적이라는 생각에 마음이 불편해진다. 하나님 앞에 인정받고 싶고 자신의 구원을 확인하고 싶어 몸부림치다가 극단적인 광신에 이르는 사람들의 이야기를 종종 들어 봤던 데다, 정도의 차이만 있을 뿐 나에게도 그런 마음이 없지 않다는 걸 알기 때문이다.

이런 류의 비극은 믿음에 대한 오해와 하나님에 대한 무지에서 비롯된다. 지금은 은혜로 목사가 되어 복음을 선포하고 있지만 예전에는 나 역시 그런 사람이었다. 하나님께 인정받고 싶어 내 믿음과 존재를 증명하려 무모한 짓도 서슴지 않았다. 믿음이 없으면 하나님을 기쁘시게 못 한다든지(히11:6), 오직 의인은 믿음으로 산다는(롬1:17) 말씀을 귀에 못이 박히도록 듣다 보니, 믿음 없는 나 자신이 두렵고 무서웠다.

그러나 이런 두려움은 나의 오해였다. 나는 하나님을 잘 몰랐던 것이다. 알고 보니 예수님은 나와 같은 인간들의 무지와 오해를 풀어주기 위해 이 땅에 오신 하나님이셨다. 하나님은 예수님 안에서 당신을 인간들에게 드러내 보이셨다(계시하셨다). 우리가 아직 죄인일 때 하신 일이다.

인간이 아니라 하나님이 사랑하셨다. 오래 참으시고 온유하셨으며 당신의 유익을 구하지 않고 죄인들을 위해 죽기까지 사랑하셨다. 하나님이 신실하셨다. 성육신하신 하나님의 아들께서 믿음으로, 순종과 성실과 한결같음으로, 끝까지 충성하셨다. 사랑 없고 믿음 없는 우리를 위해 사랑과 믿음을 증명하셨다.

하나님이 우리를 기쁘게 하셨다. 하나님이 다 하셨다. 웨스트민스터 소요리문답 제1문에서 사람의 제일되는 목적이 무엇인가를 물으며 '하나님을 영화롭게 하고 영원토록 그분을 즐거워하는 것'이라고 답한 것은 이런 의미이다. 인간은 하나님을 기쁘게 해드리겠다며 달려들기 전에, 하나님이 우리를 사랑하시고 예수님께서 성실히 순종하셨다는 소식을 듣고, 그렇게 하신 그분께 영광을 돌리며 그분만을 즐거워해야 한다.

그러기 위해서는 먼저 복음이 전파되어야 한다. 하나님께서 다 이루신 구원의 기쁜 소식, 우리 하나님이 통치하신다는 그 소식이 계속해서 들려져야 한다.

> 그러므로 믿음은 들음에서 나며 들음은 그리스도의 말씀으로 말미암았느니라 (롬10:17)

성령님은 지금도 인간의 믿음의 눈을 열어 당신이 하신 일을 깨닫게 해 주신다. 성령께서는 우리를 예수님과 연합된 삶으로 초대하신다. 구원을 받았는지 증명하려고 애쓰는 삶이 아니라 신의 성품에 참여하는 삶을 살아가라고 하신다.

하나님은 우리가 자유롭게 선택하게 허락하시면서도 그 선택이 우리를 망치도록 내버려두지 않으신다. 반드시 자라나게 하시고, 당신의 성품에 합당한 자리까지 데려가신다. 우리가 연약해서 자녀답게 살지 못할 때에도 하나님은 우리 아버지 되심을 중단하지 않으신다.

이 책이 믿음에 대한 오해를 풀고 하나님에 대한 지식을 더해 하나님을 기뻐하는 삶으로 한걸음 더 나아가게 돕는 작은 안내자가 되기를 소망한다. 복음을 책으로 낳느라 수고해 주신 나은영 대표님과 기도로 동역해 주신 그리스도의 몸 된 교회 교우들께 깊이 감사드린다.

2025년 6월.
김민규 목사 올림.

A
이스라엘의 믿음

이스라엘의 구원은 진실로
우리 하나님 여호와께 있나이다
렘3:23b

1장
여리고의 기생 라합은 어떻게 구원받았나?

여호수아서에 기록된 여리고성 함락 기사는 출애굽하여 광야를 떠돌던 하나님의 백성이 약속의 땅에 들어가는 첫 번째 이야기다. 이스라엘 백성들은 엿새 동안 침묵 속에 매일 성을 한 바퀴씩 돌았고 일곱째 날에는 이른 새벽부터 일곱 바퀴를 돌았으며, 일곱째 바퀴에 나팔소리와 함께 함성을 지르자 성벽이 그들 앞에 맥없이 무너져 내렸다. 그래서 그들은 자신들에게 주어진 그 성을 차지했다.

인간을 구원에 이르게 하는 믿음에 대해 시작하는 이야기로 여리고성 만한 것이 없다. 왜냐하면 여리고는 인간이 무너뜨린 것이 아니기 때문이다. 여리고가 무너진 것은 이스라엘 백성의 믿음 때문이 아니다. 모든 군사가 매일 돌았기 때문도, 제사장 일곱이 나팔을 불었기 때문도, 백성이 외쳤기 때문도 아니다.

그 성은 하나님께서 무너뜨리셨다. 그곳에 계신 하나님 앞에 성이 엎드러졌던 것이다.[1]

물론 인간들도 하나님의 말씀을 믿었고 믿은 대로 일했다. 성을 돌고 나팔을 불고 함성을 외치고 무너진 성에 들어가 전투하고 점령한 주체는 인간들이다. 그러나 그들이 아무리 수고했다 해도 성을 차지한 것은 그들의 공로가 아니다. 이스라엘은 성을 이미 선물로 받은 자들이었다. 순서가 중요하다. 하나님께서 이스라엘에게 이미 '이 성을 너희에게 주었다'라고 선언하셨기에(수6:2, 16) 백성들은 기쁨에 넘쳐 자발적으로 자신을 복종시킬 수 있었다. 하나님께서 당신의 일에 당신의 자녀들을 즐거이 참여하게 허락하셨던 것이다.

인간의 행위를 폄하하는 말이 아니다. 하나님의 계명을 지켜서 복을 받고 안 지켜서 벌을 받는다는 초등학문적이고 율법주의적인 사고에 머물지 말고 복음에 비추어 믿음을 이해하자는 말이다. 이스라엘은 하나님의 능력을 세상에 나타내 보이는 자들이었다. 그들은 보이지 않는 하나님의 형상이었다. 그래서 강대한 여리고도 그들 앞에서는 두려움 가운데 떨며 문을 굳게 닫았던 것이다(수6:1). 여리고의 두려움은 이스라엘의 어떠함 때문이 아니라 하나님께서 그들과 함께하시기 때문이었다. 그렇게 이스라엘은 여호와 하나님에 의해서 살아가는 자

---

[1] 수6:20에서 '무너져 내린지라'라고 번역된 히브리어 [나팔] נָפַל 은 문자적으로 또는 상징적으로 '떨어지다, 눕다, 던져지다, 실패하다, 엎드리다' 등 다양하게 적용되는 동사(스트롱번호 5307).

들이었다.

교회 역시 이스라엘의 여호와 하나님에 의해 살아가는 사람들이다. **믿음**이 이 땅에 오셔서 **약속**하신 **하늘의 일**을 이루셨기에 새 생명을 얻어 하나님의 성전이 되어 하나님과 동행하며 믿음의 삶을 살아가는 사람들이다.

²³믿음이 오기 전에 우리는 율법 아래에 매인 바 되고 계시될 믿음의 때까지 갇혔느니라 ²⁴이같이 율법이 우리를 그리스도께로 인도하는 초등교사가 되어 우리로 하여금 믿음으로 말미암아 의롭다 함을 얻게 하려 함이라 ²⁵믿음이 온 후로는 우리가 초등교사 아래에 있지 아니하도다 (갈3:23-25)

이제 기독교의 믿음에 대해 본격적으로 이야기해 보자. 이 믿음은 우리를 구원에 이르게 하는 믿음이다.

여리고의 그 기생

¹⁶일곱 번째에 제사장들이 나팔을 불 때에 여호수아가 백성에게 이르되 외치라 여호와께서 너희에게 이 성을 주셨느니라 ¹⁷이 성과 그 가운데에 있는 모든 것은 여호와께 온전히 바치되 기생 라합과 그 집에 동거하는 자는 모두 살려 주라 이는 우리가 보낸 사

자들을 그가 숨겨 주었음이니라 ¹⁸너희는 온전히 바치고 그 바친 것 중에서 어떤 것이든지 취하여 너희가 이스라엘 진영으로 바치는 것이 되게 하여 고통을 당하게 되지 아니하도록 오직 너희는 그 바친 물건에 손대지 말라 (수6:16-18)

"외치라! 여호와께서 너희에게 이 성을 주셨느니라!"

드디어 여리고성이 이스라엘의 손에 떨어졌다. 광야에서 40년을 떠돌다 마침내 약속의 땅에 들어온 이스라엘을 가로막은 거대한 성이 여호와 앞에 엎드러지는 감격의 순간이다. 이 때 여호수아가 백성들에게 두 가지를 엄히 당부하는데 첫째는 바치는 것, 둘째는 살리는 것에 대한 명령이다.

바쳐야 하는 것은 여리고성과 그 가운데 있는 모든 것이다. 모든 것을 온전히 바쳐야 한다. '온전히 바치'라고 번역된 히브리어 [헤렘] חֵרֶם ²은 '봉헌'과 '금지'라는 두 가지 뜻을 담고 있다(히브리어는 한 단어에 담긴 여러 가지 뜻이 어우러져 입체적인 의미를 만들어 내는 신비로운 언어다). 하나님께 드리는 것은 개인적인 소유가 금지된다. 내가 갖는 게 금지되어야만 하나님께 모두 드릴 수 있게 된다는 말이다. 하나님께서 왜 이런 명령을 하셨는

---

2 חֵרֶם [헤렘] (스트롱번호 2764) 물질적으로는 '그물'(로 '둘러싸'듯이) (문자적, 또는 상징적으로); 보통, '화가 미칠' 대상; 추상적으로는 '멸절': 저주(받은, 받은 것), 바친 것, 진멸되어야 될 것들, 완전히 멸하기(로 정해진), 바쳐진 (것), 그물; 1)바쳐진 것, 봉헌된 것, 금지, 헌신 2)그물, 구멍 뚫린 것 3)철저히 파괴된, 완전한 파괴

지, 우리는 그 이유를 신명기 20장에서 확인할 수 있다.

> ¹⁶오직 네 하나님 여호와께서 네게 기업으로 주시는 이 민족들의 성읍에서는 호흡 있는 자를 하나도 살리지 말지니 ¹⁷곧 헷 족속과 아모리 족속과 가나안 족속과 브리스 족속과 히위 족속과 여부스 족속을 네가 진멸하되_{헤렘} 네 하나님 여호와께서 네게 명령하신 대로 하라 ¹⁸이는 그들이 그 신들에게 행하는 모든 가증한 일을 너희에게 가르쳐 본받게 하여 너희가 너희의 하나님 여호와께 범죄하게 할까 함이니라 (신20:16-18)

헤렘을 명하신 이유는 딱 한 가지, 하나님의 백성들이 오염되지 않게 하기 위함이었다. 하나님은 이방 족속들이 그들의 신들에게 행하는 모든 가증한 일을 당신의 백성이 본받는 것을 용납할 수 없으셨기에 다 진멸해서 바치라고 명령하셨다. 이스라엘에게 금지된 것들은 하나님께 바쳐야 했다. 그 땅의 거민들을 봉헌하여 바침으로써 이방의 문화와 관습과 물품들이 자연스럽게 금지되고 아버지의 말씀을 따르도록 애쓰는 거룩한 헌신의 삶이 시작될 수 있게 조치하신 것이다.

이스라엘 백성의 입장에서는 헤렘을 행하는 것이 하나님께 대한 순종이며 헌신이겠지만 여리고성 거민들에게는 마른하늘에 날벼락이다. 성이 무너지면 곧 여리고는 아비규환의 생지옥이 될 것이다.

그러나 철저히 진멸해 바쳐야 할 그 성에도 구원받을 자가 있었다. 바로 여리고성의 기생 라합이다. 애굽에 심판이 떨어짐과 동시에 이스라엘이 구원받았듯이, 여리고가 심판받는 이 때에 라합이 구원을 받는다. 심판은 구원을 위해 존재했고, 구원은 심판을 전제했다. 그런 면에서 심판과 구원은 분리할 수 없는 한 쌍이다. 마치 동전의 앞면과 뒷면처럼, 한쪽이 없으면 다른 쪽도 존재할 수 없다.

> 어떤 성이나 민족을 완전히 진멸하는(헤렘) 관습은 구약성경에서만 광범위하게 언급될 뿐, 실제 구약의 시대적 배경이 되는 고대 근동의 문화권 안에서는 흔치 않은 일이었다고 한다. 고대 근동 문화가 비록 호전적인 본성과 잘 발달된 종교적 체계를 갖추긴 했지만, 그럼에도 온전히 바치는 행위는 다른 민족들의 눈에 매우 생소했다. _데이빗 하워드, 『구약 역사서 개론』, (크리스챤 출판사, 2001) 잔인하고 난폭했다고 평가를 받는 가나안 족속들도 헤렘을 행하지는 않았던 것이다.
>
> 사랑의 하나님께서 인간들도 하지 않는 일을 요구하셨다니, 이는 확실히 우리의 이해를 넘어서는 문제다. 그러나 우리는 하나님의 심판과 구원이 동전의 양면처럼 하나임을 안다. 하나님은 정결하게 하기 위해 심판하시며, 심판을 통해 구원하신다. 구원하시고 심판하시는 성경의 모든 이야기들은 이스라엘

> 의 메시아 예수님이 단번에 심판을 받으심으로 인간에게 구원을 주시는 하나님의 경륜에 대해 증언한다.
>
> 일찍이 죽임을 당한 어린양이 우리의 메시아시다. 심판받은 예수가 우리의 구원자시다. 그분이 홀로 감당하신 하나님의 심판은 인간들을 지배하던 죄의 무게를 드러내고, 구원은 그 무게를 대신 지신 분의 은혜를 보여준다.

여호수아의 두 번째 당부는 기생 라합과 그녀와 동거하는 모든 자들을 살리라는 것이었다. 그런데 라합은 구원받을 자격을 갖춘 여인이 아니었다. 성경은 라합을 이야기할 때 '기생'이라는 수식어를 꼭 붙인다. 기생이라고 번역한 히브리어 [자나] זָנָה[3]는 말이 좋아 기생이지 '간음하다, 매춘부가 되다, 매춘을 하다, 우상을 섬기다'라는 뜻이다. 간음한 라합, 매춘부 라합, 우상숭배자 라합이라고 성경이 굳이 매번 강조하는 것이다.

그 성에서 구원받은 사람이 라합이라는 사실은 생명을 얻는 데 있어서 그 사람의 삶의 모습이 중요한 게 아니라는 메시지를 전해준다. 기생이라는 직업조차 상관없었다. 라합의 컨디션이 라합을 살린 게 아니었다. 이 여인은 도대체 어떻게 구원받았을까?

---

3   זָנָה [자나] (스트롱번호 2181) 음행을 범하다, 매춘부, 우상을 섬기다

²⁰이에 백성은 외치고 제사장들은 나팔을 불매 백성이 나팔 소리를 들을 때에 크게 소리 질러 외치니 성벽이 무너져 내린지라 백성이 각기 앞으로 나아가 그 성에 들어가서 그 성을 점령하고 ²¹그 성 안에 있는 모든 것을 온전히 바치되 남녀 노소와 소와 양과 나귀를 칼날로 멸하니라 ²²여호수아가 그 땅을 정탐한 두 사람에게 이르되 그 기생의 집에 들어가서 너희가 그 여인에게 맹세한 대로 그와 그에게 속한 모든 것을 이끌어 내라 하매 (수6:20-22)

라합을 살린 일등 공신은 여호수아다. 전에 라합의 도움으로 목숨을 구했던 정탐꾼들이 라합에게 약속한 것을 여호수아가 기억하고 있었다. 그렇기 때문에 여호수아는 무너진 성 앞에서 정탐꾼들을 불러 그녀의 집에 들어가 그와 그에게 속한 모든 것을 이끌어 내라고 임무를 맡긴 것이다. 이 때 그는 라합의 이름을 부르지 않고 '그 기생'이라고 불렀다. [자나] הַזֹּנָה 의 뜻을 살려 적나라하게 옮기자면 '그 매춘부'라고 부른 것이다. 여호수아가 그녀를 더럽게 여겨서 그랬을까? 혹은 단순히 라합의 이름을 기억하지 못했거나 이름을 부를 수도 없을 만큼 급박한 상황이었던 걸까?

여호수아가 그녀를 어떻게 생각했든지 간에, 약속은 그의 판단을 압도했다. 중요한 것은 정탐꾼들이 라합에게 준 약속을 여호수아가 기억하여 신실하게 지킨 결과 그녀가 생명을 얻었다는 사실이다.

라합을 살리는 일에 정탐꾼들의 역할 또한 중요했다. 여호수아와 라합은 서로 만난 적이 없다. 여호수아는 그저 정탐꾼들을 통해 그녀에 대한 이야기를 들었을 뿐이다. 라합을 알고 그녀의 집을 아는 정탐꾼들만이 라합을 구하러 갈 수 있는 사람들이었다. 그래서 여호수아가 그들에게 라합을 구해 오라는 명령을 내린 것이다. 결국 라합은 약속을 기억하고 명령한 믿음직한 여호수아와 충직하게 명령을 수행한 정탐꾼들에 의해 진멸되던 성에서 구원받았다.

라합의 불안

성경은 이스라엘 백성의 입장에서 여리고성 함락의 이야기를 진행한다. 여기서 잠시 관점을 바꾸어 라합의 입장에 서 보자. 성경을 읽는 우리는 모든 이야기들을 다 알고 있지만, 라합은 그렇지 못했다. 그녀가 아는 것은 정탐꾼들의 당부와 약속뿐이었다. 정탐꾼들이 라합에게 뭐라고 약속했었는지 성이 무너지기 전으로 가보자.

> ^{12}그러므로 이제 청하노니 내가 너희를 선대하였은즉 너희도 내 아버지의 집을 선대하도록 여호와로 내게 맹세하고 내게 증표를 내라 ^{13}그리고 나의 부모와 나의 남녀 형제와 그들에게 속

한 모든 사람을 살려 주어 우리 목숨을 죽음에서 건져내라 ¹⁴그 사람들이 그에게 이르되 네가 우리의 이 일을 누설하지 아니하면 우리의 목숨으로 너희를 대신할 것이요 여호와께서 우리에게 이 땅을 주실 때에는 인자하고 진실하게 너를 대우하리라 (수2:12-14)

¹⁷그 사람들이 그에게 이르되 네가 우리에게 서약하게 한 이 맹세에 대하여 우리가 허물이 없게 하리니 ¹⁸우리가 이 땅에 들어올 때에 우리를 달아 내린 창문에 이 붉은 줄을 매고 네 부모와 형제와 네 아버지의 가족을 다 네 집에 모으라 ¹⁹누구든지 네 집 문을 나가서 거리로 가면 그의 피가 그의 머리로 돌아갈 것이요 우리는 허물이 없으리라 그러나 누구든지 너와 함께 집에 있는 자에게 손을 대면 그의 피는 우리의 머리로 돌아오려니와 ²⁰네가 우리의 이 일을 누설하면 네가 우리에게 서약하게 한 맹세에 대하여 우리에게 허물이 없으리라 하니 ²¹라합이 이르되 너희의 말대로 할 것이라 하고 그들을 보내어 가게 하고 붉은 줄을 창문에 매니라 (수2:17-21)

정탐꾼들은 라합과 라합의 가족을 구원해 주겠다고 약속했다. 그러면서 그녀에게 비밀을 지킬 것과 성벽 위의 집 창문에 붉은 줄을 매고 그 집 안에 머물러 있을 것을 명했다. 라합이 아는 것은 그것뿐이었다. 그녀가 약속과 명령에 따라 집을 떠나지 않고 기다리는 동안 이스라엘 백성들이 왜 조용히 성 주위를 돌기만 하는지 알지 못했다. 언제 어떻게 성을 점령하겠다는 건지 그녀는 전혀 알 수 없었다.

7일 동안 조용히 성 주위를 돌던 이스라엘 진영에서 갑자기 나팔소리와 함께 기쁨의 함성 소리가 울려 퍼지고 성이 무너지기 시작했을 때 라합과 라합의 가족들이 얼마나 당혹스러웠을지 상상해 보라. 그녀의 집은 무너지는 성벽 위에 있지 않은가! 집이 무너져 내리기 전에 탈출한다든지, 자기 눈으로 상황을 확인하기 위해 밖으로 나온다든지, 나팔소리에 반응해 뛰쳐나와 자기도 나팔을 분다든지, 기뻐하며 이스라엘 진영으로 달려간다든지 했다가는 진멸하는 칼을 피할 수 없었을 것이다. 그녀는 그저 약속을 믿고 명령에 따라 집 안에서 죽은 자처럼 기다려야 했다. 어쩌면 동거인들이 불안해하며 라합을 들볶았을지도 모른다.

> "일이 단단히 잘못된 것 같다.
> 성벽은 이미 무너져 내리는데 네가 말했던 사람들은 어디 있단 말인가? 이대로 있다가는 깔려 죽을 것 같은데 우리 살 길을 찾으러 나가야 하지 않나?"

라합은 아무 말도 할 수 없었을 것이다. 성이 무너지고 칼이 번뜩이는 아비규환의 상황 속에서 기생 라합이 스스로를 구원하기 위해서 할 수 있는 일은 아무것도 없었다.

우리는 이 장면을 통해 구원이란 스스로 뭔가를 하는 게 아니라 **약속을 믿고 기다리는 것**임을 알게 된다. 낯선 이방인의 약속만 믿고, 기약이 없어도, 불안하더라도, 그저 명령에 따라 기다리는 이것이 **인간의 믿음**이다.

> 라합은 얼마나 기다렸을까? 여호수아 2장에서 여호수아가 여리고성으로 정탐꾼을 보냈을 때 이스라엘 민족은 요단강 건너편에 있었다. 라합이 살려준 정탐꾼들이 3일 동안 산에 숨어 있다가 이스라엘 진영으로 귀환해 라합의 이야기를 전했고, 거기서 또 3일이 지나서야 이스라엘 전체가 법궤를 앞세워 행진하기 시작했다. 요단강을 건넌 후에도 강돌로 제단을 쌓고, 여리고 앞 길갈에서 단체로 할례를 받고, 상처가 회복될 때까지 기다리고, 유월절을 지켰다. 이스라엘은 상당한 기간 동안 도무지 싸울 생각이라곤 없는 듯이 느긋하게 움직였다. 이 모습을 지켜보았을 여리고성 사람들의 마음이 얼마나 더 녹아내렸을까(수2:11). 라합 역시 비밀을 간직한 채 초조함 속에 피가 마르는 심정으로 그저 기다릴 뿐이었다.

그리스도인의 믿음

라합의 이야기에서 인간 개인의 믿음이 좋다 안 좋다는 그리 중요하지 않았다. 진멸되는 여리고에서 구원받을 방법은 오직 약속하신 분이 이루시기를 기다리는 것뿐이었다. 확신하며 평안 속에 기다렸든, 불안한 중에 의심을 거듭하며 기다렸든 결과는 다르지 않다. 기생 라합은 보지 못하고 믿었다는 점에서 오늘날의 그리스도인들과 닮았다. 그녀의 동거인들은 더 닮았다. 라합은 정탐꾼이라도 만났지만 그녀의 동거인들은 아무도 보지 못하고 라합으로부터 이야기를 전해 들었을 뿐이다. 그런데도 그들은 모두 살지 않았던가! 그들이 보았기 때문이 아니라 약속과 그 약속을 이루는 여호수아의 말씀(명령) 때문이었다.

오늘날의 그리스도인들 역시 내가 정말 구원받은 게 맞는지 의심할 때가 있다. 구원의 확신이 없어 불안하면서도 믿음 없는 자로 여겨질까 봐 나도 믿는다며 손을 번쩍 들기도 한다. 그러나 라합의 이야기에서 확인하듯이 그런 불안함은 약속을 받은 자들만 느끼는 감정이다.

인간은 무력한 존재가 맞다. 우리는 그저 하나님을 등진 죄인, 우상숭배자, 간음자일 뿐이다. 그러나 우리 존재를 압도하는 약속이 주어져 있다. 약속대로 구원자가 돌아오시는 그 날에 비로소 인간의 좌절과 고뇌는 사라지고 신실하신 그분을 향한 찬양만이 터져 나올 것이다. 그리고 우리의 믿음이 틀렸다고 손가락질하던 사람들 앞에서 억울함이 풀릴 것이다. 그날이 속히 오길 바란다.

지금 교회 안에 예수님을 본 사람은 아무도 없다. 초대교회에도 예수님을 직접 뵈었던 사람들보다 뵙지 못했으나 복음을 듣고 믿은 사람들이 더 많았다. 베드로는 그런 교인들을 이렇게 축복했다.

> [8]예수를 너희가 보지 못하였으나 사랑하는도다 이제도 보지 못하나 믿고 말할 수 없는 영광스러운 즐거움으로 기뻐하니 [9]믿음의 결국 곧 영혼의 구원을 받음이라 (벧전1:8-9)

예수를 뵙지 못했어도 상관없다. 그분이 행하신 말씀을 들은 자는 그분을 사랑하게 되기 때문이다. 라합이 한 번도 본 적 없는 여호수아에 의해 살아났듯이 우리 역시 하나님도 예수님도 눈으로 뵌 적 없지만 말씀이신 예수 그리스도의 중보로 계속해서 생명을 선물로 받게 된다. 이런 면에서 그리스도인의 믿음은 매우 소극적이고 수동적이다.

그러니 신앙생활 하면서 뭔가 보려고 하지 마시길 바란다. 무언가 보았다는 분들(천국이든, 천사든, 기타 여러가지 이적이든) 따라다니지 마시길 바란다. 그리스도인은 표적을 구하는 사람이 아니라 하나님으로부터 나서 그리스도 예수 안에 있는 사람들이다(고전1:22-31).

신앙생활은 보는 것보다 듣는 것이 중요하다. 예수님께서 우리 구원을 위해 하신 일을 더 많이 듣는 것이 중요하다. 우리를 위해 기록된 성경이 우리 손에 들려 있다. 성경을 열어 예수님이 하신 일을 매일 새롭게 듣다 보면 어느새 그 말씀에 반응하는 삶을 살고 있는 자신을 발견하고 주님을 기뻐하게 될 것이다.

[16]모든 성경은 하나님의 감동으로 된 것으로 교훈과 책망과 바르게 함과 의로 교육하기에 유익하니 [17]이는 하나님의 사람으로 온전하게 하며 모든 선한 일을 행할 능력을 갖추게 하려 함이라 (딤후3:16-17)

구원의 확신은 말씀을 들음에서 온다. 성경 전체가 예수님에 대한 증언의 말씀이지만 특별히 우리의 구원에 대한 하나님의 약속이 두드러진 구절들이 있다.

[1]나의 자녀들아 내가 이것을 너희에게 씀은 너희로 죄를 범하지 않게 하려 함이라 만일 누가 죄를 범하여도 아버지 앞에서 우리에게 대언자가 있으니 곧 의로우신 예수 그리스도

시라 ²그는 우리 죄를 위한 화목제물이니 우리만 위할 뿐 아니요 온 세상의 죄를 위하심이라 (요일2:1-2)

²⁴예수는 영원히 계시므로 그 제사장 직분도 갈리지 아니하느니라 ²⁵그러므로 자기를 힘입어 하나님께 나아가는 자들을 온전히 구원하실 수 있으니 이는 그가 항상 살아 계셔서 그들을 위하여 간구하심이라 (히7:24-25)

누가 정죄하리요 죽으실 뿐 아니라 다시 살아나신 이는 그리스도 예수시니 그는 하나님 우편에 계신 자요 우리를 위하여 간구하시는 자시니라 (롬8:34)

이스라엘 백성 중 기생 라합에게 손가락질할 수 있는 이가 있을까? 어떤 사람도 여호수아가 약속했고 명령해 살려 낸 기생 라합을 정죄할 수 없다. 우리는 어떠한가? 약속대로 이 땅에 오셔서 우리 죄가 되어 죽으셨으나 하나님께서 살려 내신 예수 그리스도께서 우리를 위해서 지금도 간구하고 계신다. 누구도 우리를 정죄할 수 없다. 그러니 오늘도 평강을 누리며 두 다리 쭉 뻗고 주무시기를!

2장
유대인의 지도자 니고데모는 왜 알아듣지 못했나?

우리는 믿음, 곧 구원에 이르는 믿음에 대해 살펴보고 있다. 앞 장에서는 라합의 이야기를 통해서 그녀의 믿음은 구원자가 나타날 때까지 기다릴 수밖에 없는 소극적이고 무력한 것임을 확인했다. 그녀를 구원한 것은 약속과 여호수아의 명령, 그리고 정탐꾼들의 방문이었다. 발 밑이 무너져 내리는 긴급한 상황에도 약속대로 성벽 위의 집을 떠나지 않은 그녀의 믿음의 행위는 약속을 받은 자의 필연적인 태도이며 반응이다. 인간의 애씀과 믿음은 구원의 조건이 아니라 결과인 것이다.

라합의 시대로부터 예수님의 때까지, 이스라엘이 하나님의 백성으로 살아온 천 년이 넘는 시간 동안에도 구원은 명료하게 풀리지 않는 문제였다. 유대인들은 하나님의 **약속**을 받은 백성답게 율법을 지키려 했지만 예수님은 그들의 **믿음직함**(신실함)

을 믿지 않으셨다.

>²³유월절에 예수께서 예루살렘에 계시니 많은 사람이 그의 행하시는 표적을 보고 그의 이름을 믿었으나πιστεύω ²⁴예수는 그의 몸을 그들에게 의탁하지πιστεύω 아니하셨으니 이는 친히 모든 사람을 아심이요 ²⁵또 사람에 대하여 누구의 증언도 받으실 필요가 없었으니 이는 그가 친히 사람의 속에 있는 것을 아셨음이니라 (요2:23-25)

23절의 '믿었으나'와 24절의 '의탁하지'는 같은 헬라어 [피스튜오] πιστεύω[1]를 다르게 번역한 것이다. 더 직관적으로 번역하면 '사람들은 표적을 보고 예수님을 믿었으나, 예수님은 그런 그들의 믿음을 믿지 않으셨다'가 된다. 예수님이 사람들의 믿음을 믿지 않으신 것은 그가 모든 사람을 아시는 분이기 때문이다. 그분은 사람 속에 있는 것을 다 아시기 때문에 굳이 사람들의 말을 들어보지 않으셔도 된다. 예수님은 사람들의 말과 행동에 좌우되지 않으신다.

요한복음 2장은 사람의 속을 모두 아시기에 인간들에게 당신의 몸을 의탁하지 않으신 예수님의 이야기로 마무리된다. 그리고 바로 이어진 3장에 믿음직해 보이는 유대인 지도자 니고

---

[1] **πιστεύω** [피스튜오] (스트롱번호 4100) 믿다; 신뢰하다, 확신하다; 맡기다

데모가 등장한다. 이야기의 전개상 의미가 있는 것이 틀림없다. 성경은 니고데모를 이렇게 소개한다.

> 그런데 바리새인 중에 니고데모라 하는 사람이 있으니 유대인의 지도자라 (요3:1)

'니고데모'는 '백성 중에 승리자'라는 뜻의 헬라어 이름이다.[2] 최신 헬라 학문을 익힌 학자로 보이는 이 바리새인은 산헤드린 의원으로 유대인의 지도자였다. 이 얼마나 믿음직한 사람인가?

그러나 예수님은 니고데모에게도 당신을 의탁하지 않으셨다. 그분이 우리의 믿음을 믿지 않으신다는 것이 얼마나 큰 은혜인지 모른다. 예수님이 우리를 믿고, 네 믿음대로 살아 보라고 하셨다면 우리는 망할 수밖에 없다. 우리 안에는 악한 것밖에 없기 때문이다.

> ²¹속에서 곧 사람의 마음에서 나오는 것은 악한 생각 곧 음란과 도둑질과 살인과 ²²간음과 탐욕과 악독과 속임과 음탕과 질투와 비방과 교만과 우매함이니 ²³이 모든 악한 것이 다 속에서 나와서 사람을 더럽게 하느니라 (막7:21-23)

2　Νικόδημος〔니고데모〕(스트롱번호 3530) 백성 중에서 승리하는; νῖκος〔니코스〕(승리) + δῆμος〔데모스〕(군중, 백성)

솔직해지자. 우리는 모른다. 우리는 봐도 잘 모른다. 우리의 눈과 판단은 그래서 믿을 수가 없다. 그러나 감사하게도 예수님은 이런 우리를 아신다. 유대인의 지도자 니고데모 역시 악한 것밖에 없는 더러운 인간임을 인식할 때 그의 믿음을 믿지 않으신 예수님이 그에게 베푸신 은총이 무엇인지 알게 된다.

하는 일 vs 되는 일

예수님께 나아온 니고데모는 이렇게 말을 꺼냈다.

그가 밤에 예수께 와서 이르되 랍비여 우리가 당신은 하나님께로부터 오신 선생인 줄 아나이다 하나님이 함께 하시지 아니하시면 당신이 행하시는 이 표적을 아무도 할 수 없음이니이다 (요3:2)

니고데모는 예수님을 선생으로 알았다. 선생은 가르쳐 주는 사람이다. 그러나 예수님은 선생이 아니시다. 그분은 '과연 여기에 계신 하나님'이시다. 그러나 그 사실을 알지 못한 채 그분을 선생으로 착각한 니고데모는 예수님께 가르침을 받으려고 온 것이다.

"선생님, 가르쳐 주십시오. 제가 한번 해보겠습니다."

 가르쳐 주시면 배운 대로 해낼 수 있을까? 하나님이 예수님 안에서 하시려는 일은 마음 속에 더러운 것밖에 없는 인간이 할 수 있는 일이 아니다. 사람은 다 똑같다. 배움이 짧은 시골 할머니나, 도시의 엘리트로 유학까지 다녀온 의원님이나, 사람은 모두 표적에 이끌린다. 니고데모 역시 표적에 이끌려 찾아온 죄 많은 한 사람에 불과했다. 이런 죄인에게 필요한 건 거듭남이고 구원자다.

 니고데모는 예수님을 '하나님께로부터 오신 선생'이라고 치켜세웠다. 대체로 인간은 자신을 이처럼 높여주는 사람에게 호감을 갖기 마련이다. 그러나 사람 속을 아시는 예수님은 그에게 당신의 몸과 마음을 의탁하지 않으시고 – 다시 말해 그의 믿음을 믿지 않으시고 곧바로 이렇게 선포하신다.

> 예수께서 대답하여 이르시되 진실로 진실로 네게 이르노니 사람이 거듭나지 아니하면 하나님의 나라를 볼 수 없느니라 (요3:3)

 예수님이 말씀하신 거듭남은 인간이 방법을 가르치고 배워서 해낼 수 있는 일이 아니다. 3절에서 '거듭나지'로 번역한 헬라어 [아노덴] ἄνωθεν[3]은 '위로부터'라는 뜻이다. 아래가 아니라

---

3 **ἄνωθεν** [아노덴] (스트롱번호 509) (장소)위로부터; (시간)태초부터,

2. 유대인의 지도자 니고데모는 왜 알아듣지 못했나?

위로부터. 예수님의 말씀은 위에서부터 태어나지 아니하면 하나님 나라를 볼 수 없다는 말씀이었다.

이것은 요한복음에 기록된 예수님의 첫 번째 설교이며 인간에게 가장 중요한 것이 무엇인지 분명하게 드러내신 말씀이다. 예수님의 말씀에 따르면 뭘 하느냐가 아니라 무엇이 되느냐가 중요하다. 예수님이 다짜고짜 선포하신 '거듭남'은 인간이 **하는 일**의 영역이 아니라 **되는 일**의 영역이다. 인간은 만들어지지 않고 태어나기 때문이다.

3절의 (하나님의 나라를) '보다'와, 2절의 (하나님께로부터 오신 선생인 줄) '알다'는 '보다, 인식하다'라는 뜻의 헬라어 [에이도] εἴδω[4]를 달리 번역한 것이다. 대체로 보는 것과 아는 것은 같다. 사람은 자기 눈과 자기 생각, 자기 지식을 기준 삼아 아는 대로 보고 보는 대로 안다. 그러나 그렇게 보고 아는 것은 하나님 나라에 닿을 수 없는 지식과 시각이다. 한국에서 태어나지 않는다면 한국을 알 수도 볼 수도 없듯이 하나님 나라에서 태어나지 않는다면 그 나라를 볼 수도 알 수도 없는 것이다.

태어난 사람만 낳아 주신 분을 볼 수 있고 가정과 나라를 보면서 자라나고 살아갈 수 있는 법이다. 아이들이 태어나는 데 자신이 <u>스스로</u> 기여하는 바가 없는 것과 같다. 예컨대 우리집 네 자녀는 엄마의 오랜 수고와 진통 끝에 물과 피를 쏟고 태어

처음부터; 다시, 새로이

4 εἴδω [에이도] (스트롱번호 1492) 보다, 인식하다; 느끼다, 의식하다; 인지하다, 주목하다

났다. 그리고 비로소 우리 집과 우리나라를 보게 되었다. 부모의 사랑의 수고를 계속 받다 보면 철이 들고 부끄러움과 감사함을 알아간다. 이 아이들은 그렇게 자라나고 있다. 하나님의 자녀도 마찬가지다. 먼저는 태어나야 한다. 하나님 나라에서 다시 태어나지 않는다면 하나님 나라를 보지도 알지도 못한 채 표적만 따라다닐 뿐이다.

하지만 진짜 문제는 인간에게는 스스로 거듭날 방법이 없다는 것이다. 니고데모는 선생님께 무언가를 배울 게 아니라 '다시 태어나야' 되는 처지다. 거듭나 새로운 존재가 되는 건 니고데모가 어떻게 해볼 수 없는 일이다. 탄생은 반드시 그를 낳아 주신 누군가가 있어야 한다. 낳아 주신 분 없이 태어나는 사람은 없는 법이다.

그러나 우리의 니고데모는 여전히 '어떻게'에서 벗어나지 못하고 이렇게 질문한다.

니고데모가 이르되 사람이 늙으면 어떻게 날 수 있사옵나이까 두 번째 모태에 들어갔다가 날 수 있사옵나이까 (요3:4)

니고데모의 이 질문은 모든 인간들의 질문이다. '어떻게 하면 그렇게 될 수 있습니까?' 다시 모태에 들어갔다가 나오는 것은 불가능한 일이다. 과학기술의 발전으로 이런 일이 가능해진다 하더라도 여전히 위로부터 나는 게 아니므로 그건 거답남이 아니다. 예수님은 방법을 묻는 니고데모에게 또 대답해 주셨다.

> 예수께서 대답하시되 진실로 진실로 네게 이르노니 사람이 물과 성령으로 나지 아니하면 하나님의 나라에 들어갈 수 없느니라 (요3:5)

물과 성령으로 나면, 그러면 하나님 나라에 들어갈 수 있다니, 귀가 솔깃해진다. 그러나 물과 성령은 인간 측에서 마련할 수 있는 도구나 방법이 아니다. 철저하게 하나님 측에서의 방법만이 인간을 거듭나게 한다. 예수님은 충고하지 않으셨다. 예수님은 거듭나기 위해 인간이 실천해야 할 것들을 가르쳐 주지 않으셨다. 예수께서는 인간의 방법이 아닌 다른 방법, 인간이 할 수 없는 것, 다시 말해서 **위로부터 태어남**에 대해 말씀하신 것이다.

> 오랜 세월 동안 신학자들은 물과 성령의 의미를 알아내고자 애써왔다. 예를 들어 물을 말씀으로 해석하거나 물세례로 해석하고, 성령을 성령 세례, 성령 충만, 성령 체험 등으로 해석하며 논쟁해 왔다. 그러나 이 또한 거듭나는 방법을 찾으려는 인간의 노력일지도 모르겠다. 인간이 무언가를 하거나, 느끼거나,

> 체험해서 하나님 나라에 들어가는 것처럼 생각했던 것이다. 이 말씀을 근거로 물을 받으라, 성령을 받으라, 말씀을 받으라, 세례를 받으라, 어서 거듭나라고 호통을 치는 부흥강사들도 많았다. 그렇게 충고한다고 생명이 태어나는 게 아닌데 말이다.

그러니 지금 스스로에게 거듭났다고 여길만한 '특별한 체험'이 없다고 해서 불안하거나 두려워할 일은 아니다. 또 뭔가를 체험했다고 우월감에 빠져 떠벌리거나 자만해서도 안 된다. 선 줄로 생각하는 자는 넘어질까 조심해야 한다. 인간은 거듭남에 있어서 아무것도 기여하는 바가 없다.

⁶육으로 난 것은 육이요 영으로 난 것은 영이니 ⁷내가 네게 거듭나야 하겠다 하는 말을 놀랍게 여기지 말라 ⁸바람이 임의로 불매 네가 그 소리는 들어도 어디서 와서 어디로 가는지 알지 못하나니 성령으로 난 사람도 다 그러하니라 (요3:6-8)

육체로 태어난 사람은 육체밖에 알 수가 없으니 성령으로 태어나야만 한다. 어떻게 그런 일이 가능하다는 말인지, 육으로 난 사람에게 예수님이 말씀하시는 '위로부터 거듭남'은 그저 놀라운 이야기일 뿐이다.

우리말 '바람'과 '성령'은 모두 한 헬라어 단어 [프뉴마]

πνεῦμα[5]를 번역한 것이다. 바람도 [프뉴마], 성령도 [프뉴마] 이다. 예수님은 성령으로 난 사람을 임의로 부는 바람에 비유하셨다. 바람은 임의로, 곧 자기 마음대로 불어왔다 불어 가기 마련이므로 인간은 그 바람이 어디서 와서 어디로 가는지 알지 못한다. 알 수도 볼 수도 없는 바람이 떨어뜨린 낙엽을 보며 바람의 존재를 확인할 뿐이다.

사람이 바람을 제어할 수 없듯이 성령으로 난 사람도 그러하다. 바람이 임의로 부는 것처럼 성령으로 난 사람도 성령의 임의대로 태어난다. '임의로'라고 번역된 헬라어 [델로] θέλω[6]는 '원하다'라는 뜻이다. 성령으로 난 사람은 '바람이 제 원하는 대로 불매 사람이 알 수 없는' 것과 같다. 거듭남은 오직 하나님에 의해, 그분의 원함에 따라 일어나는 일인 것이다. 인간이 아니라 하나님의 원함으로, 하나님에 의해 다시 태어나는 것이 거듭남, 곧 위로부터 다시 태어남이다.

> 이는 하나님의 원하심에 따라 하나님이 정하신 구원의 길이다. 이와는 다른 '인간의 원함'이 있다면 그건 욕심이라 해야 할 것이다. 욕심이 잉태하면 죄를 낳고 그 죄가 장성하여 사망

---

5 **πνεῦμα** [프뉴마] (스트롱번호 4151) 불기, 숨; 기운, 목숨, 생명, 영혼; 영

6 **θέλω** [델로] (스트롱번호 2309) 원하다, 바라다, 갈망하다; ~하고자 한다; 기뻐하다, 좋아하다; 지지하다

> 에 이른다 하셨다(약1:15). 승리자라고 불리는 니고데모, 자타
> 공인 백성의 지도자며 선생인 그도 표적에 이끌려 마음을 빼앗
> 기고 어떻게든 신비로운 하늘에 입성하고 싶어하는 욕심쟁이
> 였을 뿐이다. 그가 예수님을 찾아온 이유도 자기 욕심에 이끌
> 려서다. 곤고한 사망의 몸을 갖고 사는 가련한 니고데모의 이
> 나아옴이 오늘 우리에게 복음을 들려주는 데까지 쓰임받았으
> 니 참으로 은혜이다.

하늘의 일

예수님이 여기까지 설명해 주셨어도 니고데모는 알아듣지 못했다.

> ⁹니고데모가 대답하여 이르되 어찌 그러한 일이 있을 수 있나이까 ¹⁰예수께서 그에게 대답하여 이르시되 너는 이스라엘의 선생으로서 이러한 것들을 알지 못하느냐 (요3:9-10)

안타까운 것은 그가 이스라엘의 선생이라는 사실이다. 니고데모의 무지는 그 한 사람에 그치지 않고 이스라엘의 수많은 가여운 학생들을 잘못된 길로 이끌게 될 것이다. 그러나 그것

이 인간 니고데모의 한계다. 예수님은 그가 그런 존재임을 드러내어 말씀하신다.

> [11]진실로 진실로 네게 이르노니 우리는 아는 것을 말하고 본 것을 증언하노라 그러나 너희가 우리의 증언을 받지 아니하는도다 [12]내가 땅의 일을 말하여도 너희가 믿지 아니하거든 하물며 하늘의 일을 말하면 어떻게 믿겠느냐 (요3:11-12)

예수님이 땅의 일을 말씀하셔도 이스라엘은 믿지 않았다. 하물며 하늘의 일을 말씀하실 때 그들이 어떻게 믿을 수 있겠는가? 인간은 말해 줘도 모른다. 들어도 믿지 못한다. 인간이 믿어서 어떻게 되는 게 아니다. 인간 현실의 한계가 폭로되었다.

그러나 인간의 연약함과 무능함을 아시는 예수님은 하늘의 일 또한 아시기에 우리를 채근하지 않으신다. 거듭나라고 닦달하지 않으시고, 거듭나지 않으면 하나님 나라에 못 들어간다고 협박하지도 않으신다.

제아무리 시력이 좋은 사람이라도, 의지가 남달리 탁월한 사람이라도, 제 힘으로는 하나님 나라를 볼 수가 없다. 인간이 하나님 나라에 들어가는 것은 인간의 자격이나 조건으로 이뤄낼 수 있는 일이 아니다. 이는 하늘의 일, 하늘에서 이루어지는 일이다.

하늘에서 내려온 자 곧 인자 외에는 하늘에 올라간 자가 없느니라 (요3:13)

원래 하늘에 계셨던 예수님만이 하늘의 일 곧 하늘 아버지의 일을 아신다. 예수님은 그 하늘의 일을 하시려고 이 땅으로 내려오셨다. 하늘이 땅에서 열리도록 하기 위해 그분이 직접 하늘 보좌를 버리고 이 땅에 오셨다. 그리고 땅이 알지 못하는 하늘의 일을 하실 것이다. 예수님은 여전히 알아듣지 못하는 니고데모에게 당신이 하실 일을 말씀해 주신다.

¹⁴모세가 광야에서 뱀을 든 것 같이 인자도 들려야 하리니 ¹⁵이는 그를 믿는 자마다 영생을 얻게 하려 하심이니라 (요3:14-15)

예수님은 모세가 광야에서 높이 단 뱀에 당신을 비유하셨다. 하늘의 일을 아시는 유일한 분이 이 땅에 내려오신 유일한 이유, 오직 하나의 이유는 '들리기[휩소오] ὑψόω[7] 위함'이다. 예수님이 놋뱀처럼 십자가에 높이 들리심으로 인해 니고데모를 비롯한 모든 이스라엘 백성에게 영생을 주신다는 말씀을 하신 것이다.

이 말씀은 니고데모에게 뭔가를 하라고 촉구하는 말씀이 아니라 이제는 살라는 말씀이다. 유대인의 선생 니고데모에게 이

---

7   ὑψόω 〔휩소오〕 (스트롱번호 5312) 높이 올리다, 들어올리다

스라엘의 이야기를 가지고 당신이 하나님이심을 알려주시는 말씀이다. 예수님은 이렇게 말씀하신 것이다.

> "하늘에서 내려온 내가 이 땅에서 높이 들리면 너는 살 것이다. 내가 높이 들려서, 그곳에서 물과 피를 흘려 죽고, 성령이 너에게 임하면 너는 비로소 하나님의 나라에 들어가 하나님의 나라를 볼 것이다. 그 옛날 높이 들린 놋뱀을 바라본 백성들이 살아났던 것처럼 나를 보는 자는 모두 살 것이다."

> 모세가 광야에서 뱀을 높이 든 사건은 민수기 21장에 기록되어 있다(민21:4-9). 출애굽한 이스라엘 백성들이 에돔 땅을 우회하다가 힘든 길을 만나자 마음이 상해 불평하고 원망하기 시작했다. 하나님이 주신 음식인 만나와 메추라기를 '하찮은 음식'이라며 대들던 그들은 불뱀이 나타나 그들을 물어 죽이기 시작하니 그제야 회개하며 살려달라고 아우성쳤다. 그러자 하나님은 모세에게 놋으로 뱀을 만들어 장대 위에 높이 달라고 말씀하셨다.
> 그 뱀을 보는 자는 살 것이다. 사람을 물어 죽이는 무시무시한 뱀이 이미 죽어 달린 것을 보는 자는 살 것이다. 나에게 죽음을 선사하는 그 뱀이 죽었다. 죽음이 죽었으니 이제는 생명이다. 사망이 사망했으니 이제 생명밖에 없다. 여호와 하나님은 당신

> 의 원함으로, 당신의 방법으로 백성의 살 길을 내셨다. 그리고 뱀에게 물렸으나 놋뱀을 쳐다본 자는 "모두 살았다."
>
> 그렇게 살아난 자가 여전히 뱀에 물렸던 자국만 보고 있으면 되겠는가? 또다시 뱀에 물릴까 두려워 뱀을 찾으려 땅바닥을 기어다니면 되겠는가? 계속해서 살려달라고 놋뱀 앞에 비나이다 비나이다 치성을 드려서야 되겠는가? 아니다. 그들은 여호와를 보아야 했다. 그들과 함께하시는 여호와를 바라보며, 길이 아무리 힘들어도 원망하지 않고, 그분의 백성으로 살아야 했다. 더 이상 밥투정하지 않고, 음식을 먹을 때마다 유월절 어린양을 기억하고 만나를 주신 하나님을 바라보며 감사함으로 그 길을 걸었어야 했다.

예수님께서 니고데모에게 해 주신 말씀의 흐름을 정리해 보자. 예수님은 사람이 거듭나지 않으면 하나님의 나라를 볼 수 없다고 하셨다. 거듭남은 하나님의 원함에 따라 물과 성령으로, 곧 하늘로부터 나는 것인데, 이는 인간의 능력으로는 불가능하다고 하셨다. 니고데모에게는 스스로 거듭날 길이 없다. 머지않아 예수님께서 들리셔서 그를 거듭나게 하실 것이다. 모세가 광야에서 달았던 놋뱀처럼, 이스라엘의 하나님이신 예수님이 십자가에 들리실 것이다. 그분을 보는 사람은 영생을 얻을 것이다.

바람은 임의로 분다. 하나님의 영이신 성령 역시 임의로 불어오신다. 니고데모의 원함이 능사가 아니다. 관건은 하나님의 원하심이다. 하나님이 원하셔야 되는 일이다. 하나님은 무엇을 원하시는가? 이사야서 53장에서 하나님의 원함을 확인할 수 있다.

> ¹⁰여호와께서 그에게 상함을 받게 하시기를 원하사 질고를 당하게 하셨은즉 그의 영혼을 속건제물로 드리기에 이르면 그가 씨를 보게 되며 그의 날은 길 것이요 또 그의 손으로 여호와께서 기뻐하시는 뜻을 성취하리로다 ¹¹그가 자기 영혼의 수고한 것을 보고 만족하게 여길 것이라 나의 의로운 종이 자기 지식으로 많은 사람을 의롭게 하며 또 그들의 죄악을 친히 담당하리로다 ¹²그러므로 내가 그에게 존귀한 자와 함께 몫을 받게 하며 강한 자와 함께 탈취한 것을 나누게 하리니 이는 그가 자기 영혼을 버려 사망에 이르게 하며 범죄자 중 하나로 헤아림을 받았음이니라 그러나 그가 많은 사람의 죄를 담당하며 범죄자를 위하여 기도하였느니라 (사53:10-12)

하나님께서 그에게 상함 받게 하기를 원해서서 질고를 당하게 하셨다. 그리스도인은 이사야서 53장의 '그'가 예수님이라고 믿는 사람들이다. 이 믿음에는 유대인과 이방인이 구별이 없다. 초대교회의 유대인들은 물론이고 오늘날에도 이 말씀을 보면서 이분이 예수님이심을 알게 되는 유대인들이 있다. 어디서 어떻게 온 사람들인지 세상은 몰라도 그렇게 거듭난 사람들이 존재한다. 성령으로 난 사람은 그런 법이다.

하나님은 예수님이 높이 들려 상함을 받기를 원하셨다. 이것이 하나님의 원함이었고 예수님은 아버지의 원함에 순종하여 하늘에서 내려오셨다. 그리고 이 땅에서 상함을 받고 높이 들려 하늘의 일을 이루셨다. 그래서 니고데모가 사는 것이다. 그래야 이스라엘의 무능한 선생 니고데모와 그의 밑에서 배우는 가련한 이스라엘의 학생들이 거듭나는 것이다. 니고데모뿐인가? 이스라엘만인가? 하나님과 상관없이 살던 이방인인 우리도 살아나 그분의 백성이 되었다.

거룩한 산부인과

니고데모는 이날 예수님의 말씀을 끝내 이해하지 못한 채 돌아갔을 것이다. 그러나 예수님이 십자가에 달리시고 부활하시고 하늘로 올라가신 후 성령이 임하시자 제자들은 비로소 깨닫게 되었다. 사도행전에는 거듭난 제자들의 설교가 기록되어 있다.

하나님이 오른손으로 예수를 높이시매 그가 약속하신 성령을 아

버지께 받아서 너희가 보고 듣는 이것을 부어 주셨느니라 (행 2:33)

이 말씀은 성령을 받은 베드로가 담대히 선포한 첫 번째 설교의 일부분이다. '높이시매'가 헬라어 [휩소오][8]이다. 예수님이 높이 들리셔서 성령을 받아 부어 주셨다. 예수님이 하나님의 손에 의해 높이 들려지신 후에야 성령이 인간에게 부어진 것이다.

하나님은 십자가라는 장대에 예수님을 높이 들리게 하셨다. 예수님이 죄가 되어 죽으셨다. 인간을 물어 죽이던 사망이 죽었다. 죽음이 죽었으니 이제는 생명만 볼 뿐이다. 이것이 거듭난 자로서 하나님을 바라보는 시각이다.

베드로와 사도들은 계속해서 이 복음을 선포했다.

[30]너희가 나무에 달아 죽인 예수를 우리 조상의 하나님이 살리시고 [31]이스라엘에게 회개함과 죄 사함을 주시려고 그를 오른손으로 높이사 임금과 구주로 삼으셨느니라 (행5:30-31)

하나님은 먼저 예수님을 높이셨다. 인간에게 회개와 죄 사함을 주시려는 하나님의 방법이다. 하나님이 예수님을 오른손으로 높이시면 비로소 이스라엘이 회개라는 걸 할 수 있게 된다.

---

8 51 페이지 각주 참조.

그리고 바로 그때 죄 사함을 얻게 된다.

순서가 중요하다. 인간의 회개는 거듭남을 앞설 수 없다. 거듭난 사람만 회개할 수 있다는 말이다. 먼저는 예수님이 십자가에 높이 달리셔야 하고, 그 후에야 인간이 하나님 나라를 보고 들어가고 회개할 수 있게 된다.

소망 없는 인간을 예수님께서 낳으셨다. 죽음을 죽이시고 생명 안에서 하나님을 바라보며 살게 하셨다. 이것이 복음이며 하늘의 이야기다. 이렇게 태어나 이 복음을 듣고 자라나는 교회는 스스로 구원할 방법을 가르쳐줄 선생이 아니라 구원자를 바라보게 된다. 교회는 그런 곳이다.

> [14]오직 각 사람이 시험을 받는 것은 자기 욕심에 끌려 미혹됨이니 [15]욕심이 잉태한즉 죄를 낳고 죄가 장성한즉 사망을 낳느니라 [16]내 사랑하는 형제들아 속지 말라 [17]온갖 좋은 은사와 온전한 선물이 다 위로부터 빛들의 아버지께로부터 내려오나니 그는 변함도 없으시고 회전하는 그림자도 없으시니라 [18]그가 그 피조물 중에 우리로 한 첫 열매가 되게 하시려고 자기의 뜻을 따라 진리의 말씀으로 우리를 낳으셨느니라 (약1:14-18)

온갖 좋은 은사와 온전한 선물이 다 위로부터[아노덴][9] 내려온다. 위에서 내려오신 예수님이 십자가에 높이 들리시고 사망을

---

9 45 페이지 각주 참조.

사망케 하셨다. 이 말씀이 우리를 낳아 거듭나게 하셨다. 우리가 한 게 아니다. 하나님이 예수님을 통해서 다 이루신 일이다. 물과 성령으로, 진리의 말씀으로, 예수님의 십자가에서 높이 들려지심으로 우리에게 내려온 새 생명이다.

이렇게 새 생명을 받은 자는 예수님을 바라보며, 하나님과 어린양을 경외하며 산다. 신자의 이 삶이 곧 하나님 나라의 평강과 희락일 것이다. 이 평강은 부모의 품에서 어린 자녀가 누리는 평안에 비견해서 생각해볼 수 있겠다. 며칠 전, 막내 의연이가 큰 평강과 희락을 누리는 모습을 보았다. 곤히 자고 있는 아이를 흔들어 깨우는데도 기절한 듯 미동도 없이 잘 자는 것이다. 내가 아이와 공원에서 원 없이 놀아주고, 집에 돌아와 배불리 먹이고 깨끗하게 씻기고 보송하게 말려 잠자리에 뉘었기 때문이었다. 아이가 누린 그 평안은 아버지의 수고의 결과였다.

거듭난 우리 또한 그분과 함께 잘 먹고 잘 살고 잘 잔다. 그분으로 말미암은 은혜 안에서 평안을 누린다. 하나님께서 사랑하는 자에게 주시는 '잠'은 그래서 하나님의 열심을 드러내는 수단이며 그분과 함께하는 삶의 결과이다. 하나님의 원함 대로 물과 피를 쏟으시고 이 죄인을 낳으신 그분의 이야기를 들으며 그분과 함께 살아간다면 내 구원의 확신을 찾아 헤매느라 세월을 낭비하지 않을 것이다.

크리스토퍼 모스는 천국에 대해 이렇게 말했다.

> *"복음, '좋은 소식'이라는 맥락에서 울려퍼지는 천국은 우리가 가는 장소가 아니라 우리에게 오는 무언가, 죽고 나서 가는 내세가 아니라 지금 그리고 이곳에서 누리는 생명에 관한 무언가다."[10]*

하나님의 나라는 우리에게 오는 나라이며 지금 이곳에서 누리는 생명에 대한 것이라는 크리스토퍼 모스의 말은 중요하다. 우리의 거듭남은 하늘의 일이며 신비이다. 내가 거듭난 사람이라고 깨닫게 된 그 날과 시는 중요하지 않다. 그날이 진짜로 거듭 태어난 날인지 아니면 이미 거듭난 자가 철 든 날인지, 우리가 어떻게 알겠는가? 이미 그리스도께서 십자가에 높이 달리셨고, 우리는 이미 태어나서 살아 숨 쉬고 있다. 우리가 알 것은 그것으로 충분하다. 하나님이 이스라엘에게 주신 구원과 영원한 생명의 **약속**이 그분의 **말씀**이신 예수 그리스도 안에서 이미 이루어졌다. 그리고 약속대로 그분이 다시 오셔서 **완성**하실 것이다.

어릴 적에는 내가 언제 어떻게 태어났는지, 어디서 몇 시에 태어났는지를 궁금해한다. 이렇게 나의 태어남에 몰두해 시간을 쓰다 보면 일상의 소중함과 낳아 주신 분께 대한 경의를 놓치고 만다. 생일이 부모님께 감사하고 그분들을 기억하는 날임

---

10 크리스토퍼 모스, 『천국을 다시 묻다: 복음의 소식을 다시 듣기』, (비아, 2024)

을 아는 건 철이 들었을 때다.

예수님의 십자가는 거룩한 산부인과였다. 거듭 태어난 체험의 기억이 없다고 해서 우리의 출생을 부정할 수 없다. 온 세상이 흔들리고 무너져 내리더라도 이 약속을 붙잡고 흔들리지 않는 것이 왕의 재림을 기다리는 백성의 **믿음의 삶**이다.

십자가에서 태어난 그리스도인들이 잘 자라나길 바란다. 속히 철이 들어 낳아 주신 분을 기억하고, 그분의 노고가 헛되지 않도록 인생을 잘 살게 되기를 바란다.

사망은 사망했다. 예수님의 십자가가 그 증거다. 그대는 이미 주께서 낳으신 주님의 자녀다. 이제는 거듭남을 기뻐하는 생일 축하를 넘어 그분께 영광을 돌리게 되길 바란다. 십자가에 높이 들려 우리를 낳으신 주님을 기억하면서, 죽을 것 같이 힘든 하루하루일지라도 부디 잘 드시고, 잘 주무시고, 잘 사시기를 축복한다.

B
예수 그리스도의 믿음

하나님이여 보시옵소서
두루마리 책에 나를 가리켜 기록된 것과 같이
하나님의 뜻을 행하러 왔나이다
히10:7

3장
풀려난 강도 바라바는 어떻게 됐을까?

히브리 문학에는 샌드위치 구조라 불리는 기법이 있다. 위 빵과 아래 빵 사이에 재료를 넣어 하나의 샌드위치를 만들어 내듯이, 한 이야기가 다른 이야기를 앞뒤로 감싸 하나의 더 큰 이야기를 만들어 내는 문학적 장치다. 이 구조에서는 사건 A가 진행되다가 갑자기 사건 B가 들어오고, 다시 사건 A 또는 A'로 돌아가 마무리된다. 빵 사이에 들어간 속재료가 샌드위치의 맛과 영양을 좌우하는 것처럼, 전체 이야기의 주제로 강조되는 것은 가운데 놓인 B 부분이다.[1]

이번 장에서는 마가복음 15장 1-20절을 이 샌드위치 구조

---

1 히브리 문학의 샌드위치 구조를 마가복음 본문에서 찾고 해석하는 자세한 이야기는 다음의 책을 참조. 권영주, 『너희는 나를 누구라 하느냐?: 그리스-로마 전기 장르로 다시 읽는 마가복음』, (감은사, 2023), p.179.

의 이야기로 살펴보려고 한다. 유대인들이 예수님을 넘겨주는 1-5절(A)에 이어 유대인 바라바가 놓임을 받고(6-15절; B) 예수님은 십자가에 못 박도록 다시 넘겨져 희롱을 당하신다(16-20절; A'). 예수님이 넘겨지고 또 넘겨지는 사이에 바라바가 놓임을 받는 구조다.

이야기마다 반복해 제기되는 '예수가 유대인의 왕인가?'라는 무거운 질문이 세 이야기를 한 샌드위치로 묶어놓고 있다. 우리는 결론을 이미 알고 있다. 예수님이 유대인의 왕이시다. 왕이 오셨다면 니고데모가 바랐던 하나님의 나라는 이미 그들 안에 임한 것인데, 유대인들은 그 나라의 임재에 맞서서 이방 통치자에게 자신들의 왕을 넘겨주고 만다(A, A'). 그런데 그 반역자들에게 일어난 일은 심판이 아니라 생명을 얻는 일, 곧 바라바의 출옥이었다(B).

빌라도에게 넘겨지신 예수님 (A)

이야기의 큰 틀을 염두에 두고 샌드위치를 천천히 음미해 보자. 먼저 예수님이 넘겨지는 첫 번째 이야기(A)다.

새벽에 대제사장들이 즉시 장로들과 서기관들 곧 온 공회와 더불어 의논하고 예수를 결박하여 끌고 가서 빌라도에게 넘겨 주

니 (막15:1)

예수님이 넘겨지셨다. 이스라엘의 대제사장과 장로들 서기관들이 로마 총독 빌라도에게 그분을 넘겨주었다. 유대인들이 이방인에게 예수님을 넘기는 이유는 로마의 식민 통치를 받고 있던 당시의 유대인들에게 사람을 처형할 권세가 없었기 때문이다. 주권도 자치도 자유도 없는 노예의 삶, 그것이 이스라엘의 현실이었다. 아무리 예수님을 죽이고 싶도록 분노해도 죽일 수 없는 상태, 자유가 박탈된 상태, 이스라엘은 로마에 종속된 노예에 불과했다.

예수님을 넘겨받은 로마 총독 빌라도는 오만하고 잔인하며 어리석은 인물이었다. 그런데 이스라엘이 그런 인물에게 통치를 받고 있었으니, 그 이스라엘은 얼마나 더 어리석은가!

톰 라이트와 마이클 버드가 함께 쓴 책 『신약 성경과 그 세계』에는 예수님 당시 이스라엘의 상황과 분위기가 묘사되어 있다. 당시 로마의 속주였던 유대 지역은 혁명의 기운이 상존했지만 특출한 민족적 영웅이 나타나지 못한 채 로마 총독의 지배를 받고 있었다고 한다. 예수님을 넘겨받은 총독 빌라도는 잔인하고 오만한 인물로 역사에 기록되어 있다. 선을 넘나드는 정책과 혹독한 판결로 식민지 유대인들과 지배자 로마인들

> 모두의 심기를 거스르던 그는 AD35년 사마리아의 선지자 운동을 특히 잔인하게 진압한 결과 로마로 소환되고 역사의 무대에서 사라진다.
>
> _N. T. 라이트, 마이클 버드, 『신약 성경과 그 세계: 첫 그리스도인들의 역사, 그들이 남긴 문헌, 그리고 그들의 신학』, (비아토르, 2024).

 이스라엘에도 열방에도 선한 지도자는 없었다. 권력을 잡은 어리석은 인간들은 자기 권력을 누리고 유지하기 위해 가차 없이 폭력을 휘두를 뿐이었다. 그래서 예수님이 이 땅에 오셨다. 우리 주님이 로마 총독에게 넘겨지신 이유가 '이스라엘과 열방을 바로 그 어리석고 오만하고 잔인한 통치에서 해방시키기 위함'이라니 이 얼마나 놀라운 소식인지 모른다. 그분이 친히 양의 목자가 되어 양들을 편히 누워 있게 하시기 위해서(겔34:7-16) 이 땅에 내려와 하늘의 일을 하셨다. 예수님이 어떻게 당신의 양들을 찾으시는지 요한복음에 힌트가 있다.

> ¹⁰도둑이 오는 것은 도둑질하고 죽이고 멸망시키려는 것뿐이요 내가 온 것은 양으로 생명을 얻게 하고 더 풍성히 얻게 하려는 것이라 ¹¹나는 선한 목자라 선한 목자는 양들을 위하여 목숨을 버리거니와 ¹²삯꾼은 목자가 아니요 양도 제 양이 아니라 이리가

오는 것을 보면 양을 버리고 달아나나니 이리가 양을 물어 가고
또 헤치느니라 (요10:10-12)

선한 목자이신 예수님은 도둑질하고 죽이고 멸망시키는 잔인한 세상 목자들의 손에서 당신의 백성을 찾아내기 위해 친히 목숨을 버리신다. 그리고 그분은 그들의 왕이 되신다. 복음은 하나님께서 이렇게 우리를 통치하신다는 소식이다.

좋은 소식을 전하며 평화를 공포하며 복된 좋은 소식을 가져오며 구원을 공포하며 시온을 향하여 이르기를 네 하나님이 통치하신다 하는 자의 산을 넘는 발이 어찌 그리 아름다운가 (사52:7)

하나님의 복음은 유일한 좋은 소식이다. 그분은 선한 목자시다. 그분은 당신의 목숨을 버려 우리를 해방시키셨다. 그분은 그렇게 살려낸 양들을 다시 얽매거나 상제하거나 구속하시 않으신다. 그분은 그분의 양들에게 자유와 해방을 주셨다. 그분은 우리에게 강압과 폭력을 행사하지 않으셨다. 그래서 기독교 역시 인간을 얽매거나 구속하거나 강제하지 않는다. 신앙생활을 하면 할수록 이 해방감과 자유를 더욱 알아간다. 이보다 좋은 소식이란 있을 수 없다.

어리석고 잔인한 권력자 빌라도가 아니라, 무력한 대제사장이 아니라, 예수님이 통치하신다. 능력과 지혜를 가지신 자비

롭고 인자하신 주님께서 통치하시는 하나님의 나라가 임했다. 종교적으로는 율법에, 현실적으로는 로마 식민 지배에, 이중으로 얽매여 고달픈 노예의 삶을 살던 유대인들은 반드시 해방되어 자신들의 왕의 통치를 받아야 했다. 예수 그리스도는 유대인의 왕이 되셔야 했다.

그러나 그들은 그분을 거부하고 자신들을 지배하던 로마의 총독에게 넘겨주었다. 예수님을 넘겨받은 빌라도는 그분께 이렇게 질문한다.

> 빌라도가 묻되 네가 유대인의 왕이냐 예수께서 대답하여 이르시되 네 말이 옳도다 하시매 (막15:2)

예수님은 유대인의 왕이시다. 그러나 유대인들은 그분을 거부했다. 도대체 그들은 어떤 왕을 원했던 걸까? 율법주의자들이 왕이 된다면 인간의 행위로 잘잘못을 가려서 상과 벌을 주겠지만 그 나라에는 자유가 아닌 경쟁만 있게 될 것이다. 혁명가들이 힘으로 로마를 전복하여 해방 이스라엘의 왕이 된다면 그 나라에는 공포와 두려움에 휩싸여 왕에게 복종하거나 대치하는 팽팽한 신경전이 늘 있을 것이다.

역사상 이 세상의 지도는 힘이 있는 자들에 의해 바뀌어 왔다. 러시아와 우크라이나 전쟁에서 보듯이 힘의 지배는 여전히 현재진행형이다. 이런 세상의 결국은 죽음뿐이다.

그러나 하나님의 나라는 잘하면 복을 받고 못하면 벌을 받는 그런 나라가 아니다. 하나님의 나라는 힘으로 쟁취해 내는 나라도 아니다. 성경은 이 이야기에서 세상의 잔인한 통치자 빌라도 앞에 서신 예수님의 모습을 묘사하며, 그분이 세상 임금과 다른 선한 목자이심을 증언하고 있다. 예수님은 양들을 위해 목숨을 내어 주셨고 곧 십자가에서 죽임을 당하실 것이다.

지금까지 살펴본 1-5절의 이야기가 샌드위치의 위 빵인 〈단락 A〉라고 기억하면서 샌드위치의 아래 빵인 〈단락 A'〉로 건너뛰어 가보자.

십자가로 넘겨지신 예수님 (A')

유대인의 손에 끌려가 로마인에게 넘겨진 예수님은 이로써 유대인의 왕이 되신다. 유대인의 손으로 로마인의 손에 넘겨지고 결국 죽임당하시는데, 그래서 왕이 되신다는 말이다. 그분이 왕이 되시는 처절한 그 과정이 샌드위치의 아래 빵인 16-20절의 〈단락 A'〉에 담겨 있다.

¹⁶군인들이 예수를 끌고 브라이도리온이라는 뜰 안으로 들어가서 온 군대를 모으고 ¹⁷예수에게 자색 옷을 입히고 가시관을 엮어 씌우고 ¹⁸경례하여 이르되 유대인의 왕이여 평안할지어다 하

고 ¹⁹갈대로 그의 머리를 치며 침을 뱉으며 꿇어 절하더라 ²⁰희롱을 다 한 후 자색 옷을 벗기고 도로 그의 옷을 입히고 십자가에 못 박으려고 끌고 나가니라 (막15:16-20)

군인들은 모두 로마 사람들이다. 예수님은 이방 로마 군인에게 유대인의 왕이라 불리며 희롱을 당하셨다. 그런데 자기 왕의 편을 드는 유대인은 아무도 없다. 이런 상황이 벌어진 이유는 유대인이 자기 왕을 이방인에게 넘겨버렸기 때문이다. 유대인이라면 자기 왕의 편에 서야 마땅한데 그러기는커녕 그분을 넘겨줘 버렸다. 그래서 예수님은 이방인에게 희롱을 당하시는데, 이로 인해 진짜로 유대인의 왕이 되신다. 무력 투쟁으로 왕의 권세를 차지하지 않으시고, 무시당하고 넘겨지고 조롱당하고 짓밟힘으로 그들의 왕이 되신다. 다시 말해 사랑과 자비로 왕이 되신다.

"너는 나를 넘겨주었지만 나는 너의 왕이 될 거란다."

이 왕이 **은혜의 왕**이다. 로마서 5장으로 가보자.

¹⁵그러나 이 은사는 그 범죄와 같지 아니하니 곧 한 사람의 범죄를 인하여 많은 사람이 죽었은즉 더욱 하나님의 은혜와 또한 한 사람 예수 그리스도의 은혜로 말미암은 선물은 많은 사람에게

넘쳤느니라 ¹⁶또 이 선물은 범죄한 한 사람으로 말미암은 것과 같지 아니하니 심판은 한 사람으로 말미암아 정죄에 이르렀으나 은사는 많은 범죄로 말미암아 의롭다 하심에 이름이니라 ¹⁷한 사람의 범죄로 말미암아 사망이 그 한 사람을 통하여 왕 노릇 하였은즉 더욱 은혜와 의의 선물을 넘치게 받는 자들은 한 분 예수 그리스도를 통하여 생명 안에서 왕 노릇 하리로다 (롬5:15-17)

'은사'는 [카리스마] χάρισμα[2], 즉 '하나님의 은혜의 선물'이라는 뜻이다. 예수님의 은혜로 말미암아 인간들에게 선물이 주어졌는데, 이 선물은 '많은 범죄를 저질렀음에도 의롭다 함을 받는 것'이다. 논리에 맞지 않다. 인간 측에서 한 일은 많은 범죄다. 예수님을 넘겨준 범죄, 예수님을 희롱한 범죄, 예수님의 편에 서지 않은 범죄, 그분을 십자가에 못 박아 죽인 범죄. 인간들이 한 일은 범죄뿐이었다. 그랬는데 그런 자들을 의롭다 하시는 선물이 주어진 것이다. 그분이 우리의 왕이 되셨다. 이렇게 은혜의 왕이 되셨다. 말이 안 되는 일이다.

게다가 그 의의 선물을 받은 인간들이 왕 노릇을 한다. 은혜를 받은 자가 생명 안에서 왕 노릇을 한다. 자기가 버림받고 넘겨져서 생명을 내어주시고 의롭다 하시는 선물을 주신 그 왕으로 인해 우리가 왕 노릇을 하는 것이다. 이것이 기독교다. 그래

---

2 χάρισμα [카리스마] (스트롱번호 5486) 아무 공로 없이 받은 사랑; 신의 은혜의 선물;. 믿음, 지식, 거룩, 덕의 선물; 신의 은혜로운 섭리, 죄 용서, 구원; 은사

서 기독교 안에는 눈치 봄도 없고, 공포와 두려움도 없다.

¹⁸그런즉 한 범죄로 많은 사람이 정죄에 이른 것 같이 한 의로운 행위로 말미암아 많은 사람이 의롭다 하심을 받아 생명에 이르렀느니라 ¹⁹한 사람이 순종하지 아니함으로 많은 사람이 죄인 된 것 같이 한 사람이 순종하심으로 많은 사람이 의인이 되리라 ²⁰율법이 들어온 것은 범죄를 더하게 하려 함이라 그러나 죄가 더한 곳에 은혜가 더욱 넘쳤나니 ²¹이는 죄가 사망 안에서 왕 노릇 한 것 같이 은혜도 또한 의로 말미암아 왕 노릇 하여 우리 주 예수 그리스도로 말미암아 영생에 이르게 하려 함이라 (롬5:18-21)

범죄를 더하게 하려고 율법이 들어왔고, 그렇게 죄가 더한 곳에 은혜가 넘쳤다. 유대인들이 로마인들에게 예수님을 넘겼고, 로마인들은 예수님을 십자가형에 넘겨 희롱했다. 그런데 그 최악의 범죄 위에 예수님의 은혜가 덮였다. 은혜가 의를 통해 왕 노릇하여, 우리를 영생에 이르게 하시려는 것이었다. 한 마디로 말하면, **은혜가 왕이 되었다.**

톰 라이트는 예수님의 십자가 사랑을 이렇게 표현했다.

"사랑은 거부당할 때 더 큰 사랑으로 그것을 넘어선다."[3]

---

3 톰 라이트, 『이것이 복음이다』, (IVP, 2017), p.207.

사랑이신 예수님은 당신이 거부당하실 때 더 큰 사랑으로 그걸 넘어서 우리를 품어 안으셨다. 배신당하셨지만 더 큰 사랑으로 그 배신을 넘어서시고 당신이 충성되게 약속을 이루셨다. 희롱당하셨지만 더 큰 사랑으로, 당신을 희롱했던 우리를 존중하여 존귀히 여겨 주신다. 우리는 거절하지만 주님은 우리를 받아내시고, 끝까지 함께해 주신다.

하나님의 나라는 이런 곳이다. 은혜가 왕 노릇하는 이 나라에서 은혜가 넘어서지 못할 상황이 무엇이겠는가? 인간의 거절, 배신, 희롱, 심지어 하나님의 아들을 죽임까지, 은혜는 모든 것을 넘어선다.

풀려난 바라바 (B)

예수님은 은혜의 왕이시다. 예수님으로 인해서 비로소 은혜가 왕 노릇 하는 나라가 이 땅에 임하게 된다. 마가는 샌드위치의 핵심인 〈단락 B〉에서 은혜의 선물이신 예수님이 왕이 되실 때 일어났던 말도 안 되는 일을 전해준다. 마가복음 본문으로 돌아가 보자.

⁶명절이 되면 백성들이 요구하는 대로 죄수 한 사람을 놓아 주는 전례가 있더니 ⁷민란을 꾸미고 그 민란중에 살인하고 체포된 자

중에 바라바라 하는 자가 있는지라 ⁸무리가 나아가서 전례대로 하여 주기를 요구한대 ⁹빌라도가 대답하여 이르되 너희는 내가 유대인의 왕을 너희에게 놓아 주기를 원하느냐 하니 ¹⁰이는 그가 대제사장들이 시기로 예수를 넘겨 준 줄 앎이러라 (막15:6-10)

바라바는 살인자였다. 그는 민란을 주도하고, 그 와중에 사람을 죽인 정치범이었다. 그것이 바라바의 이전 삶이었다. 그가 누구를 몇 명이나 죽였는지는 모르겠다. 당시 로마의 지배하에 있었던 유대 지방에서 일어나는 반란의 표적은 주로 로마인이었으므로 로마인을 죽였을 가능성이 높다. 그러나 유대인들 중 로마인에게 협력한 민족의 반역자, 매국노, 앞잡이를 처단했을 수도 있다. 바라바가 죽인 이들이 누구였는지는 알려지지 않았다. 그러나 바라바가 힘과 폭력으로 유대인의 나라를 세우려 했다는 사실만큼은 분명하다. 그는 유대인도 로마인도 사랑하지 못했다. 그러니 죽일 수 있었던 것이다.

그러나 유대인들은 유월절 특사로 살인자 바라바를 놓아달라고 요구했다.

¹¹그러나 대제사장들이 무리를 충동하여 도리어 바라바를 놓아 달라 하게 하니 ¹²빌라도가 또 대답하여 이르되 그러면 너희가 유대인의 왕이라 하는 이를 내가 어떻게 하랴 ¹³그들이 다시 소리 지르되 그를 십자가에 못 박게 하소서 ¹⁴빌라도가 이르되 어

찜이냐 무슨 악한 일을 하였느냐 하니 더욱περισσῶς 소리 지르되 십자가에 못 박게 하소서 하는지라 ¹⁵빌라도가 무리에게 만족을 주고자 하여 바라바는 놓아 주고ἀπολύω 예수는 채찍질하고 십자가에 못 박히게 넘겨 주니라 (막15:11-15)

'더욱'이라고 번역된 헬라어 [페릿소스] περισσῶς[4]는 측량할 수 없이 기준을 넘어 과도하다는 뜻이다. 유대인들이 소요를 지나 폭동을 향해 가는듯한 이 상황에서 교활한 빌라도가 공정한 판결을 위해 정치적 부담을 떠안을 리가 없다. 유대인 누구를 못 박아 죽이든 자기가 통치하는 저들이 만족하고 잠잠해지면 될 일이었다.

바라바는 그렇게 풀려났다. 그는 그렇게 놓임을 받고 용서받아 ἀπολύω[5] 자유의 몸이 되었다. 그가 풀려난 이유는 단 하나, 유대인의 왕이 장대에 높이 들리기 위해 넘겨지셨기 때문이다. 예수님이 십자가에 넘겨지셨고, 바라바는 감옥에서 풀려났다. 바라바가 한 일은 아무것도 없다. 그가 눈물 어린 회개기도를 해서 살아난 것이 아니다. 바라바의 목소리는 전혀 들리지 않는다. 그저 은혜가 왕 노릇했을 뿐이다. 유대인의 왕이 넘겨진 결과, 죽어 마땅한 죄인이 아무 공로 없이 유월절 특사로 풀려

---

4 **περισσῶς** [페릿소스] (스트롱번호 4057) 굉장히, 한량없이, 매우, 더욱 더

5 **ἀπολύω** [아폴루오] (스트롱번호 630) 놓아주다, 풀어주다, 용서하다

나 자유와 해방, 구원과 생명을 얻은 것이다.

예수님께서 바라바를 더 큰 사랑으로 넘어서셨다. 당신이 죽임당하시고, 그를 살리셨다. 감옥에 갇혀 죽을 날만 기다리던 바라바가 특사로 풀려났다. 눈 떠 보니 자유의 몸이 되어 있었다. 구원은 그렇게 왔다. 바라바만이 아니다. 그리스도의 몸 된 교회는 모두 이렇게 새 생명을 선물로 받은 자들이다.

이렇게 살아난 바라바는 삶의 갈림길에 서게 되었다. 자기 대신 죽임당하신 분의 존재는 그에게 큰 부담이 되었을 것이다. 그는 어떻게 살았을까? 오늘 우리가 볼 때 가장 이상적인 선택은 이런 것이다. 그는 제일 먼저, 죄가 없는데도 자신을 대신해 십자가에 달리신 주님께 감탄하고 민망히 여기며 감사해야 했다. 그리고 유대인의 왕이시며 은혜의 왕이신 예수님을 찬양하고 자랑해야 했다. 은혜가 왕 노릇하는 나라의 백성이라면 나라를 세운다는 명분 하에 거리낌 없이 폭력을 휘두를 수 없는 노릇이다. 여기서 멈추지 않고 새로이 주어진 일상 속에서 자기가 받은 말도 안 되는 이 은혜가 다른 사람들에게 흘러가도록 할 책임이 있었다.

> 성경은 풀려난 바라바가 어떻게 살았는지 전해주지 않는다. 가룟 유다처럼 죄책감에 시달리다 생을 마감했을지, 자신을 대신해 죽으신 그분께 무릎을 꿇고 경배하며 세상을 향해 그분의

> 죽음이 자기 때문이라고 외치며 살았을지, 우리는 알지 못한다. 어쩌면 받은 은혜에 아랑곳하지 않고 제 갈 길로 달려갔을 수도 있다. 풀려난 바라바가 어떻게 살았을까 하는 궁금증은 오늘 나의 삶에 대한 궁금증일지도 모른다. 우리는 은혜의 왕으로부터 새 생명을 얻었다. 그리고 내 발로 걸어 다닐 자유를 얻었다. 우리는 그 생명으로 오늘 어떻게 살고 있는가?

하나님의 나라는 은혜가 왕 노릇하는 나라다. 그래서 우리 일상 가운데 구체적으로 요구되는 삶은 그 하기 싫은 용서, 그 하기 싫은 자비, 우리 힘으로는 불가능한 사랑과 은혜를 실천하는 삶이다. 우리가 예수님을 왕으로 인정하고 그분의 나라를 사모하고 있다면 우리의 힘을 휘둘러 내가 옳다고 생각하는 것을 무력으로 이루려는 시도는 중단해야 될 것이다.

문제는 우리에게는 스스로 용서하고 무력을 중단할 능력이 없다는 데 있다. 1장의 라합도 2장의 니고데모도 이번 장에서 예수님의 넘겨지심 사이에 풀려난 바라바도 오늘날 우리들도 모두 그럴 힘이 없는 죄인들이다. 그래서 우리는 예수님을 기억해야 한다. 바울은 로마서에서 다음과 같이 이야기했다.

4:25 예수는 우리가 범죄한 것 때문에 내줌이 되고 또한 우리를 의롭다 하시기 위하여 살아나셨느니라 5:1 그러므로 우리가 믿음으

로 의롭다 하심을 받았으니 우리 주 예수 그리스도로 말미암아 하나님과 화평을 누리자 ²또한 그로 말미암아 우리가 믿음으로 서 있는 이 은혜에 들어감을 얻었으며 하나님의 영광을 바라고 즐거워하느니라 ³다만 이뿐 아니라 우리가 환난 중에도 즐거워하나니 이는 환난은 인내를, ⁴인내는 연단을, 연단은 소망을 이루는 줄 앎이로다 ⁵소망이 우리를 부끄럽게 하지 아니함은 우리에게 주신 성령으로 말미암아 하나님의 사랑이 우리 마음에 부은 바 됨이니 (롬4:25-5:5)

우리가 범죄한 것 때문에 내줌이 되시고 우리를 의롭다 하시기 위해 살아나신 예수님으로 인해 우리가 하나님과 화평을 누리는 은혜를 입었다. 그러나 바울은 은혜 입은 데서 그치지 않고 환난 중에도 즐거워한다고 말한다. 우리의 환난은 다른 것이 아니다. 폭력과 무력이 아닌 은혜로 넘어가는 것 자체가 환난이다. 내 뜻을 내세워 맞서 싸우지 않고 더 큰 사랑으로 넘어서는 것이 환난이다. 그 환난은 인내를 만들고 인내는 연단을 만들고 연단은 소망을 이룬다. 하나님의 사랑이 부어진 자는 반드시 환난 중에도 즐거워한다. 우리 마음에 부어진 하나님의 사랑이 무엇인가?

⁶우리가 아직 연약할 때에 기약대로 그리스도께서 경건하지 않은 자를 위하여 죽으셨도다 ⁷의인을 위하여 죽는 자가 쉽지 않고

선인을 위하여 용감히 죽는 자가 혹 있거니와 ⁸우리가 아직 죄인 되었을 때에 그리스도께서 우리를 위하여 죽으심으로 하나님께서 우리에 대한 자기의 사랑을 확증하셨느니라 ⁹그러면 이제 우리가 그의 피로 말미암아 의롭다 하심을 받았으니 더욱 그로 말미암아 진노하심에서 구원을 받을 것이니 (롬5:6-9)

하나님의 사랑은 경건하지 않은 자를 위해 죽는 것, 죄인과 원수를 위해 죽는 것이다. 바라바를 놓아주고 내가 죽는 것, 나를 넘겨준 자들을 풀어주고 나는 죽는 것이다. 우리가 받은 사랑 대로 이 임무를 수행하면 그곳에 바로 은혜가 왕 노릇하는 하나님의 나라가 임할 것이다.

하나님께서 우리에게 환난을 허락하시는 이유가 무엇인지 분명해졌다. 저 죄인을, 저 경건하지 않은 자를, 저 원수를, 나를 넘기는 자를 또 만나게 하시는 이유는 바로 우리가 거기서 죽으라는 것이다. 거기서 넘겨지라는 것이다. 하나님은 은혜를 받은 우리를 통해 하나님의 나라가 회복되기를 원하신다. 이 시대의 은혜 받은 바라바들을 통해 그리스도의 나라가 세워지기를 원하신다.

마태복음 27장 17절의 주석에는 몇몇 사본에 기록된 바라바의 본명이 나온다. 바라바의 이름도 예수였다(당시 '예수'는 흔한 이름이었다.). 바라바라 하는 예수는 무력으로 자기 나라를 세우려던 사람이다. 반면 그리스도라 하는 예수는 은혜가 왕 노릇

하는 나라를 만들려고 자신을 내어주신 분이다. 바라바의 본명을 넣어 빌라도의 질문을 다시 읽어보면 대비가 더욱 도드라진다.

> "너희는 내가 누구를 너희에게 놓아주기를 원하느냐?
> 바라바라 하는 예수냐, 아니면 그리스도라 하는 예수냐?"

교회는 바라바라 하는 예수를 따르지 않는다. 힘을 휘두르던 그 예수는 죽었다. 죽어 마땅한 바라바가 그리스도라 하는 예수로 말미암아 죽고 새 생명을 얻었다. 이것을 거듭남이라고 한다. 니고데모가 끝내 이해하지 못했던 하늘의 일이 십자가에서 이루어졌다.

그래서 교회는 투쟁해서 쟁취하는 사람들이 아니다. 남을 죽여서라도 내 꿈을 이뤄내는 그런 사람들이 아니다. 교회는 내가 죽더라도 은혜가 왕 노릇함으로써 그 사람들을 살려내는 사람들이다.

더 사랑하는 사람이 지는 법이다(그래서 자식 이기는 부모가 없다). 이기면 불편하다. 져야 편해진다. 교회의 사랑은 지는 사랑, 나를 내어주는 사랑이다. 피차 서로에게 좋은 편이 되어 주면 좋겠다. 예수님이 하신 일을 우리도 한번 해 보면 좋겠다. 이게 안 돼서 주님 앞에 나아와 우는 사람이 그리스도인이다. 우리 가정과 직장과 사회 안에서 이렇게 은혜가 왕 노릇 하는 풍경을 더 많이 볼 수 있었으면 좋겠다.

우리 삶에 하나님의 나라가 임할 때 일어나는 일은 자명하다. 예수 그리스도의 통치를 받는 그리스도인은 이 땅에서 무언가를 쟁취하기 위해 폭력을 사용할 수 없다. 물론 우리의 연약한 본성으로 말미암아 실수하고 잘못할 수 있겠지만 하나님 나라의 백성다운 삶은 이미 시작되었다. 부모는 자녀를 힘으로 통제하고 억압할 수 없다. 형제자매 간에 서로 힘 자랑하며 싸울 수 없다. 부부 역시 서로를 물어뜯을 수 없다. 잘잘못을 따져야 한다면 참소하는 자 사탄이 언제나 옳을 것이다. 예수님께는 용서가 있고 기회가 있고 자비와 사랑이 있다. 그리스도인은 우리의 실패가 실패로 끝나지 않도록 당신이 친히 골고다로 올라가신 그 예수님의 백성이다. 하나님의 나라는 자비와 용서와 은혜와 사랑의 나라다. 그러므로 그리스도인 또한 그리스도의 삶의 모습대로 서로 이해하고 용서하고 회복케 하며 산다.

4장
왜 하필 구레네 시몬이었을까?

마가복음 본문을 계속 따라가 보자. 이번 이야기도 샌드위치 구조로 살펴볼 수 있다. 바라바가 풀려난 이야기를 예수님의 넘겨지심이 감싸고 있던 앞 장의 샌드위치(막15:1-20)와는 대조적으로, 이제 맛보게 될 샌드위치는 한가운데에 예수님의 십자가가 있고 그 십자가로 인해 예수님과 관계하게 된 사람들의 이야기가 앞뒤로 배치되어 있다(막15:21-39).

십자가 앞의 사람은 구레네 시몬이다. 그는 이미 모진 매를 맞은 예수님이 기진하여 쓰러지셨을 때 로마 군인에 의해 우연히 불려와 예수님의 십자가를 골고다의 형장까지 억지로 져 날라야 했다. 십자가 뒤의 사람은 로마군 지휘관인 백부장이다. 예수님을 처형하는 일을 책임지고 지휘했던 그는 예수님이 운명하시자 돌변하여 예수님이 하나님의 아들이라고 고백했다.

예수님과 일면식도 없이 살아왔던 이 두 사람은 예수님이 니고데모에게 말씀하신 대로 하늘의 일을 이 땅에 행하시느라 높이 달리셨을 때 거기에 휘말려 들어간 이 땅의 사람들이다.

3장과 4장의 샌드위치 구조를 정리하면 다음과 같다.

3장 풀려난 강도 바라바는 어떻게 됐을까?

A 빌라도에게 넘겨지신 예수님 (막15:1-5)

　B 풀려난 바라바 (막15:6-15)

A' 십자가로 넘겨지신 예수님 (막15:16-20)

4장 왜 하필 구레네 시몬이었을까?

A 두 시몬 (막15:21)

　B 예수님의 십자가 (막15:22-36)

A' 백부장 (막15:37-39)

두 시몬 (A)

마침 알렉산더와 루포의 아버지인 구레네 사람 시몬이 시골로부

터 와서 지나가는데 그들이 그를 억지로 같이 가게 하여 예수의 십자가를 지우고 (막15:21)

그 유명한 구레네 사람 시몬이 등장하는 장면이다. 그가 유명한 이유는 '억지로라도 십자가를 지면 믿음의 명문 가정이 된다'라는 해석에 교회의 많은 이들이 공감하여 그를 본받으려 애써왔기 때문이다.[1] 하지만 구레네 시몬이라는 사람을 추켜세우는 이런 가르침은 몹시 유감스럽다. 나는 구레네 시몬이 십자가 진 사건을 복음에 비추어 두 가지 측면에서 다시 해석하려 한다. 먼저는 '억지로'가 무슨 뜻인지 알아보고, 이어서 그가 지고 간 '십자가'에 대해서 살펴볼 것이다.

1) 억지로

'억지로'라고 번역된 헬라어 [앙가류오] ἀγγαρεύω[2]는 '강제로 봉사하게 하다, 강제하다'라는 뜻이다. 당시 로마 군인들은 그들이 주둔하는 식민지에서 '길을 안내받거나 짐을 나르는 일에 현지 주민들을 아무 때나 강제로 동원할 수 있었다.'[3] 구레네 시

---

[1] 구레네 시몬의 집안은 훗날 초대교회의 주요 가정이 되었던 것 같다. 사도 바울은 로마서에서 극진하게 시몬의 아들과 아내의 안부를 묻고 인사를 전한다. "주 안에서 택하심을 입은 루포와 그의 어머니에게 문안하라 그의 어머니는 곧 내 어머니니라" (롬16:13)

[2] ἀγγαρεύω 〔앙가류오〕 (스트롱번호 29) 강제로 봉사하게 하다; 강제하다; 억지로 가게 하다

[3] 관주해설성경전서 (대한성서공회) 마5:38-42 주석에서 인용함.

몬이 십자가를 진 것도 그런 경우였다. 그러니 그가 구원과 복을 얻기 위해 현재의 고난을 참고 견디며 자발적으로 그 일을 감당한 믿음의 사람이라는 말은 앞뒤가 맞지 않는다. 십자가는 **의지로** 지는 것이 아니라, **억지로** 지워지는 것이었다. 그 자리에 인간의 의지가 개입할 여지는 없었다. 그는 그 십자가를 로마 군인의 명령에 의해 **억지로** 떠맡을 수밖에 없었던 것이다.

그런데 이 '억지로'가 곧 은혜다. 나는 구레네 시몬의 가정이 훗날 명문가가 되었다는 후일담보다, 그의 이름에 더 눈길이 간다. 왜 하필 '시몬'이었을까? 시몬은 예수님의 수제자 베드로의 이름이 아니던가! 예수님께서 당신의 십자가 죽음과 부활을 예고하셨을 때 모두 주를 버릴지라도 자신만은 절대 버리지 않겠다고, 주와 함께 죽을지언정 떠나지 않겠다고 호언장담했던 바로 그 시몬 말이다.

그러나 예수님을 대신해 십자가를 지고 골고다 언덕을 올라간 사람은 수제자 시몬이 아니었다. 대단한 의지를 불태웠던 그 시몬은 지금 그 자리에 없다. 계집종의 질문 앞에서 무너져서 저주하고 맹세까지 하면서 주님을 부인하고는 도망쳐버렸기 때문이다.

갈릴리의 시몬의 빈 자리를 구레네 시몬이 대신 채웠다. 예수님의 제자도 아니었고, 먼 곳에서 왔기에 예수님이 누군지도 모르는 낯선 시몬이, 수제자 시몬을 대신해 십자가를 지고 날랐다. 우리 눈에 그저 놀랍기만 한 이것이 바로 하나님의 열심이다. 자기 의에 가득 차 있을 때는 간이고 쓸개고 다 내어줄 것처럼 굴다가 상황이 불리해지자 곧바로 등을 돌리고 떠나버린 인간의 빈 자리를 하나님께서는 **억지로** 채우신다. 인간은 도망쳐도 하나님은 일을 중단하지 않으신다. 그분의 일은 언제나 하나님께서 친히 이루신다. 그래서 하나님은 갈릴리 시몬이 떠난 그 자리를 구레네 시몬으로 메우신 것이다.

인간적인 생각으로는 갈릴리 시몬을 찾아 끌고 와야 할 것만 같다. 시몬뿐 아니라 그분을 의지적으로 따라왔던 제자들을 몽땅 데려와야 할 것 같다. 그러나 하나님은 그들을 추궁하지 않으셨다. 지금 어디서 무엇을 하고 있는지 묻지도, 왜 도망쳤느냐고 꾸짖지도 않으셨다. 그저 억지로 구레네 시몬을 데려오셔서 그가 십자가를 지는 모습을 보여주셨다. 주님은 그렇게 홀로 십자가를 지고 세상의 죄가 되어 죽으셨으며, 부활하신 후 당신의 사람들을 다시 찾아오셨다.

이것이 기독교다. 예수님은 십자가 앞에서 도망친 우리를 책망하지 않으신다. 대신 또 다른 '나'를 억지로 끌고 와 내가 감당해야 할 일을 맡기신다.

구레네(키레네; Cyrene)는 오늘날의 리비아 북동부 지역에 있었던 고대 도시다. 아프리카 대륙의 북쪽에 그리스인들이 세운 식민지였고 예수님 당시에는 크레타 섬과 함께 로마의 속

주로 편입되어 있었다. '아프리카의 아테네'라고 불릴 만큼 번성했으며 많은 디아스포라 유대인들이 살았다고 한다. 구레네 시몬 역시 그곳에 살던 디아스포라 유대인으로서 유월절을 지키기 위해 예루살렘에 방문했던 사람이라고 추측한다. 상인이어서 유대인이 많이 모이는 유월절 대목에 그곳에 와 있었다고 주장하는 학자들도 있다.

지도: 현재 지중해 지역 국가들과 구레네 위치.

훗날 갈릴리 시몬은 구레네 시몬의 이야기를 들었을 것이다. 자신이 감당했어야 할 험한 일을 억지로 떠맡은 그에게 갈릴리 시몬이 무슨 말을 할 수 있었을까? 아마도 민망히 여기며 그저 평생 고마워했을 것이다. 그런 갈릴리 시몬에게 구레네 시몬은 또 뭐라고 대답했을까? 그 역시 민망해 손사래를 쳤을 것이다. 자신의 의지나 계획이나 원함으로 한 일이 아니라 그저 봉변당하듯 억지로 십자가를 졌기 때문이다. 구레네 시몬도 다른 사람들처럼 은혜를 입은 자였기에 자랑할 것도 영광을 받을 이유도 없었다.

이처럼 하나님은 누구도 높아지지 못하게 하시며, 스스로 자랑하지 못하도록 하신다. 이 은혜 아래에서 신앙생활을 하는 그리스도인은 위대한 업적이나 공로를 남긴 사람을 칭송할 수 없고, 다만 그렇게 하신 하나님께 감탄할 뿐이다. 그러니 구레네 시몬을 본받아 억지로라도 주님의 일을 하겠다며 의지를 불태우는 일은 중단되어야 한다. 그저 우리는 은혜를 받아야 할 존재들일 뿐이다.

2) 십자가

구레네 시몬이 교회가 본받을 위인이 아닌 첫 번째 이유가 그가 **억지로** 십자가를 졌기 때문이라면, 그를 높이면 안 되는 두 번째 이유는 그가 억지로 **십자가**를 졌다는 것이다. 구레네 시몬이 억지로 졌던 그 십자가는 **누구의 것**인가?

³¹인자가 많은 고난을 받고 장로들과 대제사장들과 서기관들에게 버린 바 되어 죽임을 당하고 사흘 만에 살아나야 할 것을 비로소 그들에게 가르치시되 ³²드러내 놓고 이 말씀을 하시니 베드로가 예수를 붙들고 항변하매 ³³예수께서 돌이키사 제자들을 보시

며 베드로를 꾸짖어 이르시되 사탄아 내 뒤로 물러가라 네가 하나님의 일을 생각하지 아니하고 도리어 사람의 일을 생각하는도다 하시고 ³⁴무리와 제자들을 불러 이르시되 누구든지 나를 따라오려거든 자기를 부인하고 자기 십자가를 지고 나를 따를 것이니라 (막8:31-34)

예수님은 제자들에게 당신의 십자가 죽음을 예고하시면서 분명 자기를 부인하고 '자기 십자가'를 지고 예수님을 따르라고 말씀하셨다. 이 말씀을 들은 사람은 갈릴리 시몬을 위시한 제자들이다. 구레네 시몬은 그 자리에 있지도 않았다. 그런데 십자가를 지고 예수님을 따른 사람은 구레네 시몬이다. 그가 진 십자가는 시몬 자신의 십자가인가, 아니면 예수님의 십자가인가?

그 십자가는 '예수님의 십자가'라는 전제 하에서만 구레네 시몬의 '자기 십자가'가 될 수 있다. 모든 그리스도인이 지고 가는 십자가는 나의 문제가 아니라 예수님의 문제여야 한다. 나를 괴롭히는 직장 상사, 나를 미워하는 시어머니, 돌봄이 필요한 주변인들 등등, 내 삶에서 감당해야 할 많은 일들이 있지만 예수님과 연관되어 있지 않다면 그건 엄밀히 말해서 십자가가 아니다.

십자가를 현재 내 삶에 당면한 문제 정도로 이해해선 안 된다. 십자가는 죽음으로 가는 길이며, 죽음의 방법이며, 그래서 곧 죽음이다. '자기 십자가'라는 말은, 예수님의 십자가를 내가 지고 간다는 뜻이다.

생각해보라. 인간이 예수님의 십자가가 아닌 자기 십자가를 지고 가서 죽는다고 해서 뭐가 달라지겠는가? 십자가에서 구레네 시몬이 죽었다 한들 뭐가 달라지겠는가! 구레네 시몬과 갈릴리 시몬을 십자가에 나란히 달아올린다 해도 구원의 길은 열리지 않는다. 사람이 제아무리 십자가를 진다 해도, 결국 십자가에서 죽어야 하는 분은 사람이 아니라 하나님의 아들 예수 그리스도시다. 그분의 희생만이 하나님의 나라를 여는 것이다.

기독교 신앙은 내 열심과 의지로 희생해 구원을 이루는 것이 아니다. 내가 십자가를 지고 뭔가를 이루려는 시도는 자기 힘으로 하나님의 나라를 세우려 했던 바라바의 모습과 다르지 않다. 끊임없는 노력과 희생으로 원하는 세상을 만드는데 성공하여 자수성가한 사람을 떠올려 보자. 대부분의 경우 자수성가한 사람 자신의 의가 높아지고, 그의 자랑과 위상만 남는다. 인간의 열심으로 하는 희생은 욕심일 뿐이다. 그런 희생은 남의 인정을 받지 못하면 서운하고, 생색내기 마련이다. 그러니 스스로 십자가를 진다는 명목으로 자기 의를 세우려 희생하지 말아야 할 것이다.

그리스도인들이 지고 가는 십자가는 반드시 예수님의 십자가여야 한다. 예수님으로부터 시작되어 예수님으로 귀결되는 그 십자가여야 한다. 그런데 그 십자가는 내가 지고 싶다고 해서 질 수 있는 것이 아니다. 구레네 시몬을 기억하라. 그는 로마 병사들에 의해 강제로 예수님의 십자가를 졌다. 그의 힘, 노력, 의지나 결단은 아무런 역할을 하지 못했다. 그는 그저 **은혜**를 받았을 뿐이다. 제자도 아니었고, 예수님의 가르침을 받은 적도 없던 자가 예수님의 십자가에 휘말려 들어간 것이다.

나의 계획과 상관없이 억지로 잡혀와 십자가를 넘겨받았다고 해서 도망간 갈릴리 시몬을 원망할 수는 없다. 예수님을 원망하는 일은 더더욱 있을 수 없다. 내가 지는 십자가가 예수님의 십자가임을 안다면, 그것은 영광이요 감격할 일이다. 나 같은 자를 불러 예수님의 십자가에 동참하게 하신 것만으로도 감사해야 한다. 이렇게 **은혜**를 받아 억지로 **예수님의 십자가**를 넘겨받은 자만 질 수 있는 것이 그리스도인의 **자기 십자가**이다. 지고 싶다고 질 수 있는 것도, 지기 싫다고 거부할 수 있는 것도 아니다. 이는 인간의 의지로 선택할 수 있는 것이 아니기 때문이다.

이렇게 내 의지로 선택할 수 없게 하심이 은혜다. 하나님은 지금도 준비되지 않고 연약한 우리를 통해 당신의 말씀을 이뤄 가신다. 구레네 시몬처럼 이 은혜를 받은 사람, 곧 하나님의 말씀이 자기 안에서 이뤄지는 것을 경험한 사람은 그저 겸손하게 하나님을 찬송할 수밖에 없다. 자기가 희생했다며 생색내는 것이 아니라, 자신을 억지로 붙잡아 예수님의 십자가를 지워 제자의 삶을 살게 하신 하나님의 지혜와 능력을 일생 찬양할 수밖에 없다.

구레네로 돌아간 시몬이 아내와 자녀들에게 뭐라고 말했을지 짐작이 간다. 그는 예수님의 죽으심과 부활의 소식 앞에서 "너희들도 정신 차리고 아빠처럼 십자가 지고 예수님 따르라"라며 자기 공로를 내세워 충고하지 못했을 것이다. 그는 그저 놀라움 속에서, 아빠가 억지로 끌려가 십자가를 진 그분이 부활하셨고, 그분이 메시아라고 증언했을 것이다. 그리고 그 일에 자기를 불러 주신 하나님을 찬양했을 것이다. 이것이 기독교의 간증이다.

예수님의 십자가 (B)

예수님의 십자가에 좀더 주목해 보자. 그분의 십자가가 무엇이기에 억지로 지고 가는 것이 은혜란 말인가?

[22]예수를 끌고 골고다라 하는 곳(번역하면 해골의 곳)에 이르러 [23]몰약을 탄 포도주를 주었으나 예수께서 받지 아니하시니라 [24]십자가에 못 박고 그 옷을 나눌새 누가 어느 것을 가질까 하여 제비를 뽑더라 [25]때가 제삼시가 되어 십자가에 못 박으니라 [26]그 위에 있는 죄패에 유대인의 왕이라 썼고 [27]강도 둘을 예수와 함께 십자가에 못 박으니 하나는 그의 우편에, 하나는 좌편에 있더

라 ²⁸(없음) ²⁹지나가는 자들은 자기 머리를 흔들며 예수를 모욕하여 이르되 아하 성전을 헐고 사흘에 짓는다는 자여 ³⁰네가 너를 구원하여 십자가에서 내려오라 하고 ³¹그와 같이 대제사장들도 서기관들과 함께 희롱하며 서로 말하되 그가 남은 구원하였으되 자기는 구원할 수 없도다 ³²이스라엘의 왕 그리스도가 지금 십자가에서 내려와 우리가 보고 믿게 할지어다 하며 함께 십자가에 못 박힌 자들도 예수를 욕하더라 (막15:22-32)

예수님은 골고다 언덕에서 십자가에 못 박히셨다. 두 강도와 함께 장대에 높이 매달리신 그분은 지나가는 사람들의 조롱을 받으셨다.

"십자가에서 내려오면 네가 왕임을 믿겠다"라고 외치는 사람들은 하나님의 능력과 지혜를 알지 못했다. 예수님은 자신을 구원하러 오신 분이 아니었다. 그분은 세상과 사람들을 구원하기 위해 이 땅에 오셨다. 조롱하는 자들은 예수님의 오심의 목적을 이해하지 못했다. 그들은 기독교 신앙의 본질도 알지 못했다. 예수님은 자신을 죽음에 내어주심으로 하나님의 백성을 구원하셨다. 그래서 그분은 십자가에서 내려올 수 없으셨다. 아니, 내려오지 않으셨다.

기독교 신앙은 은혜이자 신비다. 은혜란 '자신을 구원하지 않으신 분을 통해 내가 구원받는 것'이다. 자신을 돌보지 않으신 분의 희생으로 내가 살아나는 것. 바로 그것이 기독교의 사랑이다. 이 사랑 앞에서 예수님을 영접하고 따르려는 인간의 결단이나 의지는 설 자리가 없다. 성경은 빛이 어둠을 비춰도 어둠이 깨닫지 못했다고 증언한다(요1:5). 세상은 자신을 지으신 분이 오셨는데도 알지 못했고, 자기 백성조차 그분을 영접하지 않았다(요1:9-13). 이는 그들이 허물과 죄로 죽어 있었기 때문이다(엡2:1).

죽은 자가 어찌 깨닫고 영접할 수 있으랴! 그러나 하나님은 그들에게 빛을 비추려고 예수님을 십자가에 높이 드셨다. 독생하신 아들을 죽음에 내어주셨다. 예수님은 하나님께 버림받으시고 순종하며 죽으셨다. 그리고 하나님은 예수님을 살리시며 죽은 우리도 함께 살리셨다(엡2:5). 그렇게 우리를 의롭다 하셨다(롬4:25). 니고데모에게 말씀하신 대로, 모세가 뱀을 든 것처럼 예수님이 십자가에 달리시어 우리를 새로 낳으셨다.

기독교 신앙은 인간이 표적을 보고 스스로 판단하여 믿는 것이 아니다. 하나님은 예수님의 죽으심으로 죄로 죽었던 사들에게 새 생명을 주셔서 살게 하셨다. 볼 눈과 들을 귀를 주시고, 성령으로 아버지의 말씀을 들을 수 있게 하셨다. 이는 유대인 지도자 니고데모가 이해하지 못했던 **하늘의 일**이다.

나를 구원하기 위해 믿으려 드는 것은 기독교의 믿음과 정반

대다.

> 누구든지 제 목숨을 구원하고자 하면 잃을 것이요 누구든지 나를 위하여 제 목숨을 잃으면 찾으리라 (마16:25).

기독교는 자신을 구원하기 위해 신앙생활 하지 않는다. 기독교인의 믿음은 선물로 받은 것이다. 혹시 나이가 들어서, 몸이 아파서, 내세에 천국에 가기 위해 믿어보려는 분이 주변에 있다면 그분을 잘 돌봐주시기 바란다. 자기를 구원하기 위해 믿으려고 달려들었다가는 목숨을 잃어버릴 것이기 때문이다.
그분에게 자기를 돌보지 않으신 하나님의 아들에 대해 이야기해주시기 바란다. 사람이 눈으로 보고 믿기로 결심하는 것이 아니다. 자신을 구원하려고 신앙생활 하는 자는 아무것도 모르는 자다. 보고 믿겠다는 자는 자기 상태를 모르는 자다. 인간은 이미 죄로 죽은 상태이기에 스스로 결단할 수 없다.
하나님이 예수님을 장대에 높이 드시고 무덤에서 일으켜 우리에게 새 생명을 주시고 그분을 뒤따르는 믿음의 삶을 살게 하셨다. 믿음도 새 생명도 은혜의 선물이다. 하늘에서 이 땅에 오셔서 하늘의 일을 하신 예수 그리스도, 그분이 길이요 진리요 지금 이곳에서 누리는 생명, 곧 하나님의 나라다.

백부장 (A')

예수님이 하나님께 철저히 버림받으신 십자가 아래에서 갑작스레 어떤 일이 일어났다. 샌드위치의 아래 빵에 해당하는 예수님의 십자가에 휘말린 또 한 사람의 이야기를 들어보자.

> ³⁷예수께서 큰 소리를 지르시고 숨지시니라 ³⁸이에 성소 휘장이 위로부터 아래까지 찢어져 둘이 되니라 ³⁹예수를 향하여 섰던 백부장이 그렇게 숨지심을 보고 이르되 이 사람은 진실로 하나님의 아들이었도다 하더라 (막15:37-39)

예수님이 숨지신 순간, 그 앞에 섰던 백부장에게 뜻밖의 일이 일어난다. 우리는 이 사람이 어떤 사람이었는지 잊어서는 안 된다. 그는 예수님을 거스르고 적대하던 자였다. 그가 '예수를 향하여 섰다'라는 말씀은 그가 그분을 긍정적으로 보거나 우러러봤다는 뜻이 아니다. 그는 예수님께 호의적이지 않았다. 십자가 앞에서 그런 이는 없었다. 제자들과 따르던 이들은 이미 도망쳤고, 하나님마저 그분을 버리신 그 순간에 예수님을 따를 수 있는 인간은 아무도 없었다.

우리말 '향하여'로 번역된 헬라어 [에난티오스] ἐναντίος 는 '반

> 대편에, 적대시하는, 반대되는, 거스르는'이라는 뜻으로 신약 성경에서 8회 사용되었다.[4] 마가복음 15장 39절에서만 '향하여'라고 번역되는 바람에 원어가 갖는 의미가 퇴색된 것 같아 매우 아쉽다.[5]

로마 백부장에게 있어서 예수님은 대 제국 로마에 반기를 들었기에 십자가에 달려 죽어 마땅한 유대인일 뿐이었다. 그는 유대인을 경멸하며 잔혹한 십자가 처형을 지휘했을 것이다. 그렇기에 예수님이 진실로 하나님의 아들이었다는 그의 고백은 백부장의 신앙심에서 나온 것이 아니라 **십자가의 능력**을 드러낸 증언이다. 예수님과 무관하던 자를 제자로 부르고, 대적하던 자를 신자로 바꾸며, 거스르던 자에게 참된 고백을 이끄는 능력 말이다. 이것이 바로 기독교 신앙의 은혜이자 신비다.

---

4 **ἐναντίος** [에난티오스] (스트롱번호 1727) 거스르는(마14:24, 막6:48, 행27:4); 배척하는(행28:17); 대적하는(행26:9, 딛2:8), 대적이 되는(살전2:15); 대적(살전2:15); 향하는(막15:39)

5 영어성경의 경우 '향하여'를 'against'로 번역한 KJV이 의미를 좀 더 정확하게 전달한다. NIV는 'front'로 번역하였다.

그리스도인의 십자가

구레네 시몬도 로마 백부장도 확실히 예수님의 십자가 능력에 휘말렸다. 구레네 시몬은 예수님의 조롱당하심과 십자가 지심을 통해 예기치 못하게 제자의 역할을 감당하여 자기를 부인하고 자기 십자가를 지고 예수님을 따라오라는 말씀을 지키게 되었다. 갈릴리 시몬의 빈 자리를 채운 것은 구레네 시몬의 결단이 아니라 하나님의 섭리였다. 그의 인생 가운데 예수님의 십자가의 능력이 이뤄진 것이다. 또한 예수님의 십자가 죽음을 통해 그분을 대적하고 하나님의 백성을 지배하던 로마의 백부장의 눈도 열렸다. 마침내 그는 '이분이 참으로 하나님의 아들이시다'라고 고백하게 되었다.

이런 일이 일어난 원인은 오직 하나, 오직 예수님의 십자가다. 오직 주님의 죽음 덕분이다. 구레네 시몬이나 로마 백부장이 칭찬받을 일은 없다. 오직 십자가에서 죽임당하신 우리 예수님만 높임을 받으셔야 한다. 예수님의 조롱당하심이 일을 했다. 예수님의 버림받으심이 일을 했다. 예수님의 죽임당하심이 일을 했다. 그분의 죽음이 시골 사람 구레네 시몬을 제자가 되게 했고, 예수님을 거스르던 로마 사람 백부장을 신자가 되게 했다. 이것이 은혜의 복음이다.

오늘 우리가 제자의 길을 걷고, 말씀을 지키며, 영광스러운 각자의 사명을 감당하고 있다면, 그 이유도 예수 그리스도의 십자가뿐이다. 예수님을 거스르고 대적하던 우리가 지금 기쁘게 신앙생활을 하고 있다면, 그것 역시 오직 십자가 때문이다. 오늘도 그 십자가의 능력은 우리 가운데 역사하고 있다.

오늘날 그리스도인들의 삶 역시 이 은혜의 복음 안에 있다. 그렇기에 이 삶에는 하나님의 자녀이기 때문에 받는 조롱과 멸시가 있다. 때로는 하나님마저 침묵하시는 것 같은, 버림받은 듯한 시련의 시간도 찾아온다. 그러나 그리스도인은 그 순간에 마냥 괴로워하거나 슬퍼만 할 수 없다. 성경이 들려주는 이야기를 통해 우리는 안다. 예수님이 조롱당하고 죽임당하심으로 구레네 시몬이 느닷없이 쓰임받았고 로마 백부장이 신자가 되었다. 그러므로 오늘 우리 역시 예수님께서 걸어가신 조롱당함과 버림받음과 죽음의 길을 걸어갈 수 있을 것이다. 왜냐하면 여전히 또 다른 구레네 시몬이 제자가 되어야 하고, 예수님을 거스르던 로마 백부장이 신자가 되어야 하기 때문이다.

하나님은 예수님을 모르는 자, 예수님을 대적하는 자들이 은혜를 받게 하시려고 그리스도인들에게 골고다로 끌려가 버림받고 죽임당하는 삶을 허락하신다. '너'의 변화에 '나'의 십자가 짐이 쓰임받을 수 있다니 이 얼마나 영광스러운 삶인가? 조롱과 고난이 난무하고 버림받음이 예고된 길이라도 나의 그 길 끝에 너를 구원하실 주님을 믿고 기꺼이 그 길을 걸어가는 것이 새 생명을 얻은 제자가 자유 안에서 선택하는 삶이다. 바울은 빌립보서에서 이렇게 말한다.

> ⁵너희 안에 이 마음을 품으라 곧 그리스도 예수의 마음이니 ⁶그는 근본 하나님의 본체시나 하나님과 동등됨을 취할 것으로 여기지 아니하시고 ⁷오히려 자기를 비워 종의 형체를 가지사 사람들과 같이 되셨고 ⁸사람의 모양으로 나타나사 자기를 낮추시고 죽기까지 복종하셨으니 곧 십자가에 죽으심이라 ⁹이러므로 하나님이 그를 지극히 높여 모든 이름 위에 뛰어난 이름을 주사 ¹⁰하늘에 있는 자들과 땅에 있는 자들과 땅 아래에 있는 자들로 모든 무릎을 예수의 이름에 꿇게 하시고 ¹¹모든 입으로 예수 그리스도를 주라 시인하여 하나님 아버지께 영광을 돌리게 하셨느니라 (빌2:5-11)

하나님은 예수님이 고난당하지 않게 보호하지 않으셨고, 조롱당할 때 십자가에서 내려주시 않으셨다. 하나님은 '십자가에서 죽으신' 예수님을 지극히 높이시고 하늘에 있는 자들과 땅에 있는 자들과 땅 아래 있는 자들까지 모든 무릎을 예수님의 이름에 꿇게 하셨다. 구레네 시몬과 로마 백부장도, 오늘날 우리들도 스스로 아무것도 한 일 없이 은혜를 입었다. 그저 예수님이 죽으셨기 때문에 받게 된 은혜다.

그리스도인이 그리스도와 함께 고난을 받고 있다면 그 시간의 끝에는 반드시 사람이 살아나고 제자와 신자가 태어난다. 본의 아니게 은혜로 내가 받게 된 새 생명을 내 주변 사람들도 받게 된다. 내가 일하지만 그것은 나의 공로가 아니라 철저하게 하나님의 일하심이다. 나는 그저 증인으로서 증언할 뿐이다.

십자가에 달리신 예수님의 마지막 음성을 기억하는가?

> 예수께서 신 포도주를 받으신 후에 이르시되 다 이루었다 하시고 머리를 숙이니 영혼이 떠나가시니라 (요19:30)

'다 이루었다'로 번역한 [테텔레스타이] τετέλεσται는 '완수하다, 성취하다, 완납하다'라는 뜻의 헬라어 [텔레오] τελέω[6]의 완료형이다. 끝내는 것과 이루는 것은 다르다. 십자가는 단순히 끝이 아니라 이루는 것, 완성하는 것이다.

그렇다면 무엇을 이루셨는가? 오늘의 본문에서만 본다면 구레네 사람 시몬이 제자의 길을 걷게 하셨고, 예수님을 대적하던 로마 백부장이 신자의 고백을 하게 하셨다. 예수님은 십자가를 통해 이 일을 이루셨다.

그리고 그분을 증언하는 제자들의 고난의 삶을 통해 이 은혜의 역사는 멈추지 않고 오늘날 우리에게까지 이어져, 우리 또한 제자의 길을 걷게 하시고 신자의 고백을 하게 하셨다. 그

---

6 τελέω [텔레오] (스트롱번호 5055) 끝내다, 마치다, 완성하다; 수행하다, 성취하다; 완납하다, 바치다

리고 가장 영광스러운 십자가를 지고 가는 고난도 허락하신다. 그 길 끝에는 새 생명이 태어나고, 신앙고백이 터져 나올 것이다.

그래서 우리의 고난과 환난은 끝이 아니다. 우리의 삶을 통해 또 다른 누군가가 본의 아니게 제자가 되고 신자가 될 것이다. 하나님은 우리의 고난 속에서 이 일을 이루어 가실 것이다. 그러나 누구도 자랑할 수 없다.

> "내가 작정기도 했어요, 내가 열심을 내서 억지로 십자가를 졌어요, 내가 믿었어요."

이런 말을 할 수가 없다. 은혜는 내가 받아낸 것이 아니라, 주님께서 선물로 주신 것이다. 내가 했던 모든 일, 내가 지고 걸었던 그 십자가는 결국 예수님으로 인해 시작된, 예수님의 십자가이므로 그 모든 영광은 예수님께로 돌려야 마땅하다.

머지않아 모두가 한자리에 모일 그날에 우리도, 로마 백부장도, 구레네 시몬도, 갈릴리 시몬도, 자기가 한 일을 자랑할 수 없을 것이다. 그날에는 오직 죽임당하신 어린 양, 십자가를 지신 예수님만 찬양할 따름이다. 그분의 죽으심으로 본의 아니게 우리가 누리게 된 영광을 온전히 그분께 돌려드릴 것이다. 그날이 속히 오기를, 그 영광스러운 자리에서 한 목소리로 주님을 찬양하게 되기를 기대하며 기도한다.

칼 바르트는 창조주 하나님과 그분의 피조물에 대해 이야기하면서, 피조물과 약속하시고 이루시는 하나님의 행위를 예수 그리스도 안에서 일어난 은혜의 선택 안에서 이뤄진 그분의 역사로 설명한다.

하나님이 새로이 창조된 새 피조물에게 당신을 계시하여 보여주셨으므로 그들은 자신들의 주님을 인식한다(우리가 2장의 니고데모 이야기에서 살펴본 대로, 십자가라는 하늘의 산부인과에서 거듭나 하나님의 나라를 볼 수 있는 눈과 그분의 말씀을 들을 수 있는 귀를 갖게 된 새 피조물의 이야기다). 이 피조물의 영광은 아들의 나라를 위한 헌신에 사용됨에 있다. 새롭게 창조된 피조물은 **필연적으로 자유롭게** 헌신하지만 자기의 공로를 내세울 수 없다. 자신의 헌신 마저도 **하나님의 사역**이기 때문이다.

_칼 바르트, 『교회교의학 Ⅲ/3 창조에 관한 교의』, (대한기독교서회, 2016), '§48. 섭리론, 그것의 토대와 형태'에서 요약.

A'
교회의 믿음

그러나 이 모든 일에
우리를 사랑하시는 이로 말미암아
우리가 넉넉히 이기느니라
롬8:37

5장
누가 우리에게 복음을 전해 주었나?

마가복음은 사복음서 중 가장 먼저 기록된 복음서로 알려져 있다. 현존하는 가장 오래된 신약성서 사본은 서기 4세기에 쓰여진 것으로 추정되는 시내산 사본과 바티칸 사본인데 이들 필사본에 따르면 마가복음은 예수님의 부활 소식을 듣고 두려워 아무 말도 하지 못하는 여인들에 대한 이야기(16장 8절)로 끝난다. 부활하신 예수님의 나타나심과 승천을 전하는 16장의 나머지 9-20절은 다른 복음서의 증언을 토대로 초대교회가 정리하여 덧붙인 부록으로 보인다(성경책에도 대괄호로 묶여 있다.).

학자들이야 마가복음 16장에 대해 연구하고 논쟁하겠지만 복음에는 아무 손상이 없다. 아니, 오히려 8절로 끝나는 편이 훨씬 더 드라마틱하다. 헬라어 원어성경에서 8절의 마지막 단어는 '그러나, 그렇기 때문에' 등으로 번역되는 접속사 [가르]

γάρ[1]이다. 마가복음은 접속사로 애매하게 마쳐진 것이다. 그러나 미완성의 이 마지막 문장이 오히려 의미가 있다. 신비와 역설 속에서 하나님을 선언하고 있기 때문이다.

여자들이 몹시 놀라 떨며 나와 무덤에서 도망하고 무서워하여 아무에게 아무 말도 하지 못하더라 (막16:8)

καὶ ἐξελθοῦσαι ἔφυγον ἀπὸ τοῦ μνημείου, εἶχεν γὰρ αὐτὰς τρόμος καὶ ἔκστασις· καὶ οὐδενὶ οὐδὲν εἶπαν, ἐφοβοῦντο γάρ. (막16:8 헬라어 원문)

예수님이 부활하셨어도 인간은 두려워 숨을 뿐이었다. 씨 뿌리는 자의 비유에서 확인한 대로 인간은 그저 길가와 돌밭과 가시떨기다.[2] 그러나 척박한 땅에 당신의 생명의 씨를 뿌려 옥토를 만들어 내신 하나님은 그런 인간들의 입으로 복음을 전파하게 하셨다. 인간은 무능하지만 하나님은 전능하시기에 역사를 이미 이루셨고 지금도 이루고 계시며 마침내 완성하실 것이다. 지금부터 당신을 친히 선언하시는 하나님의 능력의 이야기를 들어보자.

---

1 γάρ [가르] (스트롱번호 1063) [원인, 이유] 왜냐하면
2 저자의 다른 책 『씨 뿌리는 자의 비유』(인오, 2024) 참조.

성경은 신비와 역설 속에서 미완성으로 남겨둔 이야기 안에서 하나님을 선언한다. 토마스 머튼은 이 신비를 이렇게 설명한다.

"성서는 여타 윤리, 형이상학적 지혜들을 그리스도교식으로 변주한 기록이 아닙니다. 인류가 의미 있는 존재로 살아갈 수 있도록 해주는 우주에 대한 독보적으로 행복한 가설도 아닙니다. 성서는 단순히 하느님을 설명하거나, 그분의 본성, 존재, 특성, 내면을 알려주려는 책도 아닙니다. 성서는 우상의 거짓됨과 헛됨에 단호히 맞서며 그분의 실재를 확고하게 내세우는 데 비상한 관심을 기울이지만, 하느님에 대한 형이상학적 명제를 변증하려 하지는 않습니다. 오히려 성서는 **변증하기보다는 선언합니다**. 그러면서도 하느님의 절대적인 존재를 확고히 선언하는 일을 신비 속에, 역설 속에 미완성인 채로 남겨둔 듯 보이기도 합니다."

_토마스 머튼, 『성서를 열다』, (비아, 2024)

숨죽인 여자들

예수님의 십자가 아래에서 이야기를 시작해 보자. 예수님은 큰 소리를 지르고 숨지셨고 성소 휘장은 위로부터 아래까지 찢어졌으며 예수님을 적대시하던 로마 백부장은 예수님이 진실로 하나님의 아들이라고 고백했다. 그런데 이 자리에는 다른 사람들도 있었다. 바로 멀리서 바라보던 여자들이다.

[40]멀리서 바라보는 여자들도 있었는데 그 중에 막달라 마리아와 또 작은 야고보와 요세의 어머니 마리아와 또 살로메가 있었으니 [41]이들은 예수께서 갈릴리에 계실 때에 따르며 섬기던 자들이요 또 이 외에 예수와 함께 예루살렘에 올라온 여자들도 많이 있었더라 (막15:40-41)

많은 여자들이 십자가와 멀리 떨어진 곳에 서서 그저 구경하듯 바라보고 있었다('멀리서 바라보는'이라고 번역된 헬라어 원어 [아포 마크로덴 데오로우사이] ἀπὸ[3] μακρόθεν[4] θεωροῦσαι[5] 는 '멀리 떨어져서 구경하다, 쳐다보다'라는 뜻이다.). 이 여자들은 갈릴리에서부터 예

---

3 ἀπὸ [아포] (스트롱번호 575) [장소의 뜻] ~으로부터, ~으로부터 멀리 떨어져

4 μακρόθεν [마크로덴] (스트롱번호 3113) 멀리서부터, 먼 곳으로부터, 멀리, 멀리 떨어져서

5 θεωρέω [데오레오] (스트롱번호 2334) 구경하다, 보다, 관찰하다; 깨닫다, 경험하다

수님을 따르며 섬기던 자들이었다. 평범한 여인들이 아니라 예수님께 선택을 받아 가까이에서 그분을 수행하며 예루살렘까지도 동행할 수 있었던 여자 제자들이었던 것이다.

여자 제자들이 멀리서라도 예수님 곁을 지켰다는 점에서는 이미 줄행랑을 친 남자 제자들보다 나아 보인다. 그러나 그게 전부였다. 여자들이 믿음이 더 좋아서 예수님께서 말씀하신 대로 부활을 기대하며 십자가 앞에서도 물러서지 않은 것이 아니다. 이들은 그저 무력했다. 여자들에게는 예수님을 지켜낼 힘도 사회적 지위도 없었다. 그저 처참하게 못 박히신 예수님의 모습에 놀랐고, 조롱하고 희롱하며 소리치는 동족 유대인들의 기세에 눌려 속수무책으로 지켜볼 수밖에 없었던 것이다.

자포자기한 아리마대 요셉

이 때 또 한 사람이 등장한다. 존경받는 공회원이자 지도자였던 아리마대 사람 요셉이다. 그에게는 여자들과 달리 사회적 발언권과 힘이 있었다.

⁴²이 날은 준비일 곧 안식일 전날이므로 저물었을 때에 ⁴³아리마대 사람 요셉이 와서 당돌히 빌라도에게 들어가 예수의 시체를 달라 하니 이 사람은 존경 받는 공회원이요 하나님의 나라를 기

다리는 자라 (막15:42-43)

성경의 기록에 따르면 아리마대 요셉은 부자였고 예수님의 제자였으며(마27:57) 존경받는 공회원이자 하나님의 나라를 기다리는 자였고(막15:43) 선하고 의로운 사람이었다(눅23:50). 그는 예수님을 처형하려는 공회의 결의와 행사에 반대했었다(눅23:51). 그러나 유대인들이 두려워 예수님의 제자라는 사실을 드러내지는 못했었는데(요19:38) 예수님께서 운명하시자 빌라도에게 당돌히 들어가 예수님의 시신을 넘겨달라고 요청했던 것이다.

교회 안에서는 이 아리마대 요셉을 두고 얼마나 많은 칭찬이 오가는지 모른다. 칭찬의 요지는 늘 똑같다. 자신의 부와 명예와 공직, 그리고 그간의 쌓아온 모든 업적과 이력을 잃을 위험을 감수하고도 예수님의 시신을 요구했던 그의 용기와 결단을 본받자는 것이다.

그런데 과연 이렇게 해석해도 괜찮은 걸까? 나는 요셉에게 초점이 맞춰지면 안 된다고 생각한다. 요셉이 당돌하게 빌라도에게 들어간 이 때는 예수님께서 십자가 위에서 운명하신 엄중한 순간이다. 온 인류의 죄를 짊어지신 예수님의 십자가 죽음이 막 완료된 이 순간에, 돌연 십자가의 예수님으로부터 시선을 돌려 아리마대 요셉을 바라보며 그의 결단을 칭송하는 건 절대 해선 안 되는 행위다. 주인공은 언제나 성삼위 하나님한 분이셔야 한다. 어느 자리건 어떤 상황이건 오직 하나님만이 영광과 주목을 받으셔야 마땅하지만 특히 이 순간, 이 상황은 더더욱 그렇다.

마가복음은 처음부터 끝까지 인간의 무능함과 하나님의 전능하심을 대조하며 인간의 연약함을 낱낱이 폭로하는 책이다. 그런데 그런 책이 하필이면 예수님의 십자가 앞에서 갑자기 아리마대 요셉처럼 용감해지라는 교훈을 전한다는 건 어불성설이다. 만약 그가 정말 그렇게 용감한 사람이었다면 예수님이 체포되기 전에 목숨 걸고 끝까지 싸웠어야 했다. 그러나 그는 싸우기커녕 유대인들이 두려워 예수님의 제자라고 말도 못했던 인물이다. 아리마대 요셉은 우리가 본받거나 칭찬할 만한 인물이 아니다. 부디 마가복음을 읽으며 요셉의 용기를 배우려 하거나 그의 기백을 높이 사지 않으시기를 바란다.

아리마대 요셉을 이해하기 위해 그가 왜 예수님의 제자가 되었으며 그분께 무엇을 바라고 있었는지 추측해 보자. 나는 예수님의 말씀에서 단서를 찾았다.

> ¹⁴요한이 잡힌 후 예수께서 갈릴리에 오셔서 하나님의 복음을 전파하여 ¹⁵이르시되 때가 찼고 하나님의 나라가 가까이 왔으니 회개하고 복음을 믿으라 하시더라 (막1:14-15)

"하나님의 나라가 가까이 왔다."

이 말씀은 예수님이 공생애를 시작하며 선포하신 첫 번째 말씀이다. 그리고 아리마대 요셉은 하나님의 나라를 기다리고 있었다. 예수님의 말씀을 들은 요셉의 귀가 솔깃하지 않았을까? 예수님의 말씀이 사실이라면 오랜 세월 기다려 왔던 하나님의 약속이 자기 세대에 성취될지도 모른다. 유대인에게 '하나님의 나라'란 관념적 이상향이나 죽은 뒤에 가는 내세적 천당이 아니다. 그들에게 하나님의 나라는 다윗의 왕조, 하나님께서 친히 통치하시는 이 땅 위의 이스라엘이다. 요셉 역시 하나님의 나라가 가까이 왔다는 예수님의 말씀을 로마의 식민통치에서 벗어나 독립할 뿐만 아니라 열방을 지배하는 이스라엘 나라가 곧 세워진다는 복음으로 들었을 것이다. 그는 아마도 이런 기대와 소망을 예수님께 두고 숨은 제자가 되어 은밀하게 그분을 따르고 있었을 것이다.

그런데 그 예수님이 그만 죽어버렸다. 지배자 로마인들의 손에 넘겨져 온갖 조롱과 희롱과 모욕을 당하시고 끝내 십자가에서 운명하셨다. 이제 아리마대 요셉이 할 수 있는 일은 아무것도 없다. 소망을 두었던 그분이 죽어버렸으므로 그분께 걸었던 그의 기대도 끝났다.

사람은 소망이 사라지면 두려움도 없어진다. 지켜야 할 소중한 누군가를 잃어버린 사람은 언제 터질지 모를 안전핀 뽑힌 폭탄처럼 무서운 법이다. 그는 더는 숨지 않고 예수님을 안치하기 위해 나섰다. 이는 용기가 아니라 절망에서 나온 행동이었다. 그는 그렇게 자포자기한 상태로 빌라도에게 나아가 예수의 시신을 요구했다. 죽음으로 다 끝나버린 하나님 나라 앞에서 이제 기대할 것도, 두려울 것도 없었다.

이 일이 요셉의 용기 있는 행동이 아니라는 증거는 그를 본 빌라도의 반응에서도 찾을 수 있다. 빌라도는 자기 앞에 아리마대 요셉이 나타나서 놀란 것이 아니다. 그가 놀란 이유는 다른 데 있다.

> ⁴⁴빌라도는 예수께서 벌써 죽었을까 하고 이상히 여겨 백부장을 불러 죽은 지가 오래냐 묻고 ⁴⁵백부장에게 알아 본 후에 요셉에게 시체를 내주는지라 (막15:44-45)

"예수가 벌써 죽었다고?"

빌라도는 예수님이 생각보다 빨리 돌아가셨다는 소식에 반응했을 뿐, 요셉에게는 눈길조차 주지 않았다. 그저 백부장에게 예수님이 진짜 운명하셨는지 확인하고는 그분의 시체를 내주라고 명령했을 뿐이다.

빌라도의 이러한 행동은 예수님이 그에게 아무런 쓸모가 없었음을 분명히 보여준다. 만약 예수님의 시체에 어떤 가치라도 있었다면, 기회주의자인 빌라도가 그렇게 호락호락하게 넘겨줬을 리 만무하다. 그러나 이제 그분의 몸은 빌라도에게 아무런 가치도, 위협도, 소망도 없는 그저 죽은 몸뚱어리에 불과했다. 신약성경에서 '주다'라는 표현으로는 주로 헬라어 [디도미] δίδωμι[6]를 쓰는데 반해 여기 45절에서 '내주는지라'는 '선물하다, 수여하다, 무료로 주다'라는 뜻의 [도레오마이] δωρέομαι[7]를 사용했다. 그는 예수님의 시체를 단순히 넘긴 것이 아니라 선물로 주었다. 다시 말해서 빌라도는 대단한 선의를 베푼 게 아니라, 아무 가치 없는 시체를 유대인들에게 '엿 먹어라'라는 듯이 조롱하며 넘긴 것이다.

> "예수 시체를 원해? 그가 벌써 죽었어?
> 그래, 옛다 선물이다. 가져가라."

이렇게 요셉은 시체를 받아왔다. 그의 부와 권세와 쌓아온 모든 업적과 지위를 동원해서 이뤄낸 성과였다. 그러나 이렇게나 대단하고 용감한 요셉이 정작 할 수 있는 일이라고는 그분을 장사하는 것뿐이었다.

요셉이 세마포를 사서 예수를 내려다가 그것으로 싸서 바위 속

---

6 δίδωμι [디도미] (스트롱번호 1325) 주다; 수여하다, 공급하다, 은사를 주다, 몫을 주다, 직책을 맡기다, 나타나게 하다; 응하다 또는 허가하다, 위임하다

7 δωρέομαι [도레오마이] (스트롱번호 1433) 무료로 주다, 주다; 선물하다 (막15:45, 벧후1:3, 1:4에서만 사용됨)

에 판 무덤에 넣어 두고 돌을 굴려 무덤 문에 놓으매 (막15:46)

그는 세마포를 사서 예수님의 죽은 몸을 싼 다음 바위에 판 무덤에 정성스레 안치했다. 그리고 무덤 앞에 돌을 굴려 문을 닫았다. 그렇게 하나님 나라는 닫혀 버렸다. 요셉이 자신의 손으로 스스로 그 나라의 문을 닫은 것이다. 그가 할 일은 여기까지였다. 이제 더 이상 기대할 것도, 소망할 것도 없다. 해야 할 일은 단념뿐이다. 되도록이면 빨리 잊어야 한다.

'이분이 메시아라고 기대했었는데… 이제 보니 아니었구나.'

그는 어서 마음을 내려놓고 일상으로 돌아가야 했다. 공회원으로서 정치활동도 해야 하고, 가정도 돌봐야 했다. 유대인들로부터 의심 가득한 질문을 받아야 할지도 모른다.

"네가 예수의 시신을 받아갔다던데 사실인가? 왜 그랬나? 너도 그 사람의 제자인가?"

하지만 이제 더는 두려울 게 없었다.

"그래. 내가 그분의 장례를 치렀다. 그게 어때서? 다 끝난 일이잖아?"

앞으로 그의 일상에서 그를 도와주고 이끌어 줄 예수님은 더 이상 없다. 그가 공격당할 때 변호해 주시던 예수님은 이미 시체가 되어 무덤에 묻히셨다. 자기 손으로 그분을 장사했으니 더 이상 미련을 가져선 안 된다. 예수님께 걸었던 기대는 깨끗이 잊고, 새출발을 해야 한다. 다른 사람들처럼 율법을 지켜 하나님 나라가 오게 하든지, 무력으로 로마에 편승하거나 대항하든지, 아니면 모두 체념하든지.

무모한 시도

예수님의 십자가를 멀리서 바라보았던 여자 제자들은 아리마대 요셉이 예수님을 장사하는 모습 또한 지켜보았다. 그리고 그들 중 몇 사람은 안식 후 첫날 이른 아침에 일어나 자신들이 할 수 있는 일을 하기 위해 길을 나섰다.

¹안식일이 지나매 막달라 마리아와 야고보의 어머니 마리아와 또 살로메가 가서 예수께 바르기 위하여 향품을 사다 두었다가 ² 안식 후 첫날 매우 일찍이 해 돋을 때에 그 무덤으로 가며 ³ 서로 말하되 누가 우리를 위하여 무덤 문에서 돌을 굴려 주리요 하더니 (막16:1-3)

여자들은 마지막으로 그분을 위해 자신들이 할 수 있는 일을 하려고 했다. 그것은 고인에 대한 예우이자 부패한 냄새를 줄이기 위해 시신에 향품을 바르는 일이었다. 하지만 이는 참으로 무모한 행동이었다. 무덤 앞에 놓인 큰 돌을 굴려줄 사람이 없었기 때문이다.

힘 있는 남자 제자들, 이 여자들을 도와줄 남성들, 이 수고에 동역해 줄 형제들은 다 도망가 숨어버렸다. 예수님을 장사 지낸 아리마대 요셉이 있었지만 그에게 무덤 문을 다시 열어달라고 부탁할 수는 없었다. 당시 유대 사회에서 여성이 가족 외의 남성에게 말을 거는 것 자체가 금기인데다, 예수님의 장례를 치르는 그의 절망한 눈동자를 목격한 자로서 차마 입을 뗄 수도 없었을 것이고, 요셉이 이미 니고데모가 가져온 30kg이 넘는 엄청난 양의 향품을 넣어 예수님의 시체를 안장했기 때문에(요19:39-40) 그녀들이 준비한 향품은 애당초에 덧바를 필요가 없었던 것이다.

결국 이 여자들을 도와줄 힘 있는 남자는 아무도 없었다. 여자들은 철저히 혼자가 됐다. 자기들끼리 서로 돕는다 해도 돌을 옮기기에는 힘이 턱없이 부족했다. 이것이 예수님이 죽임당한 현실이었다. 산 개가 죽은 사자보다 나은 법이다(전9:4). 죽은 사자는 더 이상 힘이 없다. 예수님의 영향력은 사라졌다. 제자들도, 아리마대 요셉도, 누구도 이 여자들을 도와주지 않았다.

그러니 이제부터 이 여자들을 '새벽부터 향품을 들고 무덤으로 달려간 부지런하고 사랑이 넘치는 사람들'이라고 치켜세우지 말자. 서로에게 '그들처럼 예수님을 사랑하라'라고 권하지도 말자. 그들의 행동은 믿음이 아니라 무모함이었다. 아무리 인간의 열심과 정성이 갸륵해도, 이러한 무모한 시도는 오히려 뒷생각도 없이 일을 저질러 주변사람들의 부담만 가중시킨다.

'누가 우리를 위해 무덤에서 돌을 굴려 주리요'라는 여인들의 탄식은, 사도 바울의 탄식을 떠올리게 한다.

> 오호라 나는 곤고한 사람이로다 이 사망의 몸에서 누가 나를 건져내랴 (롬7:24)

사망과 죽음 앞에서 인간은 아무것도 할 수 없다. 인간은 이렇게 무력하다. 아무리 좋은 무덤에 시체를 장사해도 그게 끝이다. 아무리 내 돈 들여 향품을 사 와도 바를 방법이 없다. 돌 하나 움직이지 못하고, 죽음 앞에서 체념할 수밖에 없다. 무모한 시도를 하다가 절망할 수밖에 없는 존재, 그것이 바로 인간이다. 성경은 인간의 현실과 한계를 솔직하게 폭로한다. 우리는 먼저 하나님께서 폭로하신 우리의 한계를 겸손히 인정해야 한다.

그런데 절망한 여인들 앞에 느닷없이 충격적인 일이 일어났다. 심히 큰 돌, 내 힘으론 굴릴 수 없는 돌, 옮기는 걸 도와줄 사람도 없던 그 돌이 이미 옮겨져 있었던 것이다.

⁴눈을 들어본즉 벌써 돌이 굴려져 있는데 그 돌이 심히 크더라 ⁵무덤에 들어가서 흰 옷을 입은 한 청년이 우편에 앉은 것을 보고 놀라매 ⁶청년이 이르되 놀라지 말라 너희가 십자가에 못 박히신 나사렛 예수를 찾는구나 그가 살아나셨고 여기 계시지 아니하니라 보라 그를 두었던 곳이니라 ⁷가서 그의 제자들과 베드로에게 이르기를 예수께서 너희보다 먼저 갈릴리로 가시나니 전에 너희에게 말씀하신 대로 너희가 거기서 뵈오리라 하라 하는지라 (막16:4-7)

이 돌을 굴리신 분은 하나님이시다. 이것이 바로 은혜다. 여자들은 무덤에 들어가 **십자가에 못 박힌 예수님**의 시체를 찾았지만, 무덤 안에 있던 흰 옷 입은 청년은 여자들에게 **살아나신 예수님**을 전했다. 십자가에 못 박혀 죽으셨던 예수님은 더 이상 무덤에 계시지 않았다. 예수님의 부활은 인간들의 체념과 무모한 열심, 그리고 정성을 단번에 무색하게 만든다.

예수님이 살아나셨으니 이제 여자들은 더 이상 향유를 바를 필요가 없으며 자신들을 도와 돌을 굴려줄 남자들을 찾을 필요가 없다. 이 여자들은 이제 단순한 구경꾼이 아니라 예배자로 새롭게 거듭나야 한다.

그런데 과연 이 사람들이 예배하며 경배했을까? 현실은 그렇게 드라마틱하게 바뀌지 않는다. 성경은 여자들의 반응을 매우 사실적으로 기록하고 있다.

여자들이 몹시 놀라 떨며 나와 무덤에서 도망하고 무서워하여 아무에게 아무 말도 하지 못하더라 (막16:8)

여자들은 기뻐하거나 감격하기커녕 두려워서 도망쳤다. 남자 제자들이 다 줄행랑 쳐버린 십자가 앞에서도 자리를 지켰던 그 용감한 여인들이 부활에 직면해서는 다 뿔뿔이 흩어져 버린 것이다. 더 충격적인 건 도망친 것만이 아니라 아무에게 아무 말도 하지 못했다는 사실이다. 흰 옷 입은 청년이 분명히 제자들과 베드로에게 가서 예수님이 살아나셨고 갈릴리로 가신다고 전하라고 지시했음에도 이 여자들은 무서워서 입도 뻥끗 못했다.

마가복음은 그렇게 미완성인 채로 끝난다. 인간이 이뤄낸 뿌듯한 해피 엔딩 같은 건 없다. 인간은 끝까지 체념하고, 자포자기하고, 구경하고, 무모한 짓 하다가, 결국 도망치고 침묵할 뿐이었다. 동료였던 제자들에게 부활의 소식을 전하는 것조차 할 수 없는 존재, 그것이 인간이다.

하나님의 일하심

그런데도 부활의 소식이 온 세상에 전해졌으니 대체 어떻게 된 일인가? 누가 우리에게 복음을 전해 주었나? 사람이 한

게 아니다. 전적으로 하나님이 하신 일이다. 하나님은 체념하지 않으셨고, 포기하지 않으셨고, 방관하지도 침묵하지도 않으셨다. 하나님은 다르셨다. 마가복음은 지금 그걸 이야기하고 있다.

여자들이 다 도망치고 벌벌 떨며 침묵해도 하나님은 부활의 소식을 전하셨다. 그 소식이 오늘 우리에게까지 전해졌다. 최고最古의 마가복음 사본을 기준으로 여기서 마가복음을 마치는 것이 더욱 신비롭다. 결국 하나님이 하신다. 인간은 끝까지 실패하고 도망치고 침묵해도 하나님은 반드시 당신의 일을 이루신다. 이것이 성경의 이야기다. 토마스 머튼의 말처럼, 성경은 변증하려 들지 않고 선언해 버렸다. 인간의 눈에는 하나님의 나라가 미완성으로 남겨진 것 같아도 우리에게 주어진 말씀은 신비와 역설 속에 지금도 하나님을 드러낸다. 이제 우리는 성경이 무엇을 선언하는지 더 알게 되었다. 성경은 이렇게 말한다.

> "예수 그리스도의 성육신과 죽음과 부활은
> 전적으로 하나님께서 하신 일이다."

예수님의 죽음을 막아내지 못했던 인간들은 그분의 부활도 도울 수 없었다. 예수님의 부활에 인간의 도움은 전혀 필요하지 않았다. 아리마대 요셉도, 향유를 든 여자들도, 제자들도, 예수님의 십자가에 휘말렸던 구레네 시몬과 로마 백부장도, 그 누구도 그분의 부활을 돕지 못했다. 인간은 다 체념하고, 절망하고, 구경하고, 무모한 시도를 하다가 도망쳤을 뿐이다. 그래도 하나님의 나라는 오고야 만다. 이것이 **하나님의 사역**이며 **예수 그리스도의 믿음이 이루신 일**이다.

또 성경은 이렇게 말한다.

> "인간의 실패는 이 세상 가운데 임재하시는 하나님을 막을 수 없다."

인간은 이 땅에 오신 하나님이신 예수 그리스도를 죽이기까지 실패했다. 그것이 역사 안에서 하나님을 대적하여 인간이 행한 일이다. 이보다 더한 실패는 있을 수 없다. 그러나 그 실패조차도 하나님 나라를 막을 수 없었다. 하나님께서 당신의 아들을 다시 살려내셨기 때문이다. 그분이 사망에 매이지 않고 죽은 자 가운데서 부활하셨기에 정작 사망한 것은 인간을 위협하던 죽음 자체였다.

하나님이 예수님을 무덤에서 일으키셨다. 하나님이 이렇게 하셨는데 감히 인간이 부활하신 예수님을 어찌 막을 수 있으랴! 인간이 아무리 두려움에 입을 꾹 닫고 도망쳐 버려도 예수님의 부활하심은 전파될 수밖에 없다. 사람들이 침묵하면 돌들이 소리 지를 것이다(눅19:40). 이것이 마가복음이 끝까지 증거

한 복음이다.

우리가 성경을 통해 주목해야 할 분은 오직 이 한 분 하나님이시다. 하나님은 인간의 죄악과 실패 속에서도 당신의 일을 완수하는 분이시며, 사망의 몸에 갇혀 절망하는 인간들을 구원하는 하나님이시다. 이 말씀이 오늘 우리에게 엄청난 위로를 준다. 우리가 체념하고 도망치고, 공포심에 주눅 들어 있을 때도 하나님은 여전히 일하고 계시기 때문이다. 우리의 무모함과 침묵 속에서도 하나님은 오늘도 부활의 복음을 선포하신다.

그러니 부디 이 하나님의 은혜 아래에서 위로를 받으시기 바란다. 인간들이 무모하고 도망 다니고 체념했을 때도 하나님은 일하셨는데, 우리가 그분의 은혜 아래 있는 지금에야 얼마나 더 관계가 좋겠는가? 이 은혜를 바울은 이렇게 말한다.

> [10]곧 우리가 원수 되었을 때에 그의 아들의 죽으심으로 말미암아 하나님과 화목하게 되었은즉 화목하게 된 자로서는 더욱 그의 살아나심으로 말미암아 구원을 받을 것이니라 [11]그뿐 아니라 이제 우리로 화목하게 하신 우리 주 예수 그리스도로 말미암아 하나님 안에서 또한 즐거워하느니라 (롬5:10-11)

우리의 실패보다 크신 하나님, 우리의 체념보다 앞서 일하시는 하나님, 우리의 침묵 속에서도 성실히 복음을 전하시는 하나님이 계시기에 우리는 끝내 이 은혜 아래에서 소망을 품을 수 있는 것이다. 그러니 오늘 체념하고 낙심했더라도 괜찮다. **하나님은 여전히 은혜를 베푸신다.** 그분의 은혜 아래 있는 이들은 인간의 어떤 것도 하나님의 일하심을 가로막을 수 없음을 알기에 평안을 누린다. 그리고 그 은혜 아래에서 하나님과 깊이 사귀고 교제하며 새로운 삶을 살아간다.

겉으로는 근사한 척하지만 죄인에 불과한데다 죽음 앞에서 속수무책인 우리를 하나님께서 의인이라 불러 주시고 하나님과 함께 살아가게 하신 놀라운 은혜와 능력이 예수님의 부활 안에 담겨 있다. 그분의 은혜 아래 있는 인생은 더 이상 체념하거나 도망치거나 구경꾼으로 머물지 않아도 된다. 부활하신 예수님이 하나님 우편에 앉아 우리를 위해 간구하실 뿐만 아니라 그분의 영이 우리와 함께하시기 때문이다. 부활하신 주님이 지금도 살아서 우리와 함께 계신다. 그리고 그분이 다시 오셔서 통치하실 것이다.

> 예수는 우리가 범죄한 것 때문에 내줌이 되고 또한 우리를 의롭다 하시기 위하여 살아나셨느니라 (롬4:25)

예수님은 우리의 범죄함 때문에 내줌이 되고 우리를 의롭다 하시기 위해 부활하셨다. 부활하신 예수님께서는 자포자기했던 아리마대 요셉에게 '너는 의롭다'고 말씀하신다. 그가 무엇을 해서가 아니라 예수님의 부활이 그를 의롭다 선언하신다.

그는 이제 더 이상 좌절할 필요도 제자임을 숨길 필요도 없다. 또 구경만 하던 자, 대책 없이 향유를 들고 갔던 자, 부활 앞에서 도망쳤던 여인들도 정죄하지 않으시고 의롭다 말씀하신다. 그들의 어떠함 때문이 아니라 예수님이 부활하셨기 때문이다. 이것이 바로 **부활의 능력**이다.

그러므로 기독교는 체념을 극복하라고 조언하지 않는다. 도망치지 말고 부활을 선포하라고 요구하지도 않는다. 인간은 하라고 해도 안 한다. 아니, 못한다. 인간의 힘으로는 할 수가 없다. 기독교는 그런 충고를 던지는 종교가 아니다. 다만 **좋은 소식**을 전한다. **하나님께서 예수님 안에서 이미 이루신 일에 대한 증언** 말이다. 인간이 말하지 못해도 하나님은 부활을 증언하신다. 그렇기에 이 복음을 증언하는 사람들은 한결같이 자기 능력으로 이뤄낸 일이 아니라 하나님이 하셨다고 고백하게 되는 것이다.

하나님이 하셨다. 인간이 실패하고 체념하고 무모하게 도전하다가 무서워서 도망하고 침묵하는 속에서도 하나님께서 성실하게 일해 오셨다. 이 성실하심으로 우리에게 구원의 길을 여시고 은혜 아래에서 지금도 넉넉하게 보살피며 사랑해 주신다. 뿐만 아니라 이 은혜를 입은 사람들에게 하나님과 함께, 하나님을 향해 믿음의 삶을 살아보라고 먹이시고 입히시고 자유롭게 풀어 놓아 다니게 하신다. 무엇부터 시작해야 하나? 어렵지 않다. 감사와 찬양부터 시작해 보자.

"주님 감사합니다. 주님 홀로 영광을 받으소서."

그리고 하나님이 하신 일을 더욱 읽고 들으며 자라나기 바란다. 하나님이 행하신 일과 그분의 약속을 신뢰하길 바란다. 성령께서 당신을 인도하실 것이다.

성경은 오늘도 그 이야기를 읽는 무능한 인간으로 하여금 하나님의 일에 휘말리게 한다. 성경의 이야기를 읽고 들음으로 인해 지금도 살아 역사하시는 하나님과 관계하게 되고 하나님이 행하신 일 앞에 탄복하여 예배하며 그 일을 세상에 증언하게 되는 것은 말씀의 신비다. 톰 라이트는 성경의 이 능력에 대해 이렇게 이야기한다.

"이렇게 신약성경은, 우리가 그것을 읽으면, 우리를 빚고 우리에게 생명력을 불어넣으며 우리를 이끌어 예배하게 하고 선교하게 하는 책이 되게 설계됐다. … 우리는 멀리 떨어져 있는 어떤 신을 예배하는 게 아니라, 세계를 지으셨고 그 세계를 다시 만들어 가시는 하나님을 예배한다. 우리의 선교는 영혼들을 세상에서 구해 내는 것이 아니라, 구원을 베풀어 주시는 하나님의 사랑과 그분의 영광을 피조 세계 곳

곳에 빠짐없이 전하는 것이다. 신약성경은 하나님이 예수 안에서 온 세상을 주관하고 구원하는 궁극의 주권을 어떻게 되찾으셨는지 그 이야기를 들려준다. 신약성경은 이 이야기를 들려줌으로써 우리가 **송축**하고 **감사**하게 하고, 이를 통해 우리가 마지못해 끌려온 구경꾼 노릇을 그만두고 스스로 나서서 하나님의 구원 목적에 **참여**하는 이가 되게 한다(물론 이렇게 참여해도 우리는 늘 하나님의 영에 의지한다)."

_N. T. 라이트, 마이클 버드, 『신약성경과 그 세계: 첫 그리스도인들의 역사, 그들이 남긴 문헌, 그리고 그들의 신학』, (비아토르, 2024), pp.37-38.

6장
율법교사는 그의 이웃을 사랑했을까?

　기독교의 핵심 가르침은 하나님을 사랑하고 이웃을 자기 몸같이 사랑하라는 것이다. 이 말씀이 신약성경에서 새롭게 나온 것이라고 오해하는 그리스도인들이 간혹 있는데, 이는 모세가 이스라엘에게 전해준 율법의 핵심강령이다(신6:5, 레19:18). 구원에 이르는 믿음을 이야기하면서 계명에 대해서 모른 체하고 넘어갈 수는 없다. 하나님의 계명은 여전히 하나님께 적대적인 세상 속에서 살아가야 하는 교회 공동체에게 하나님이 어떤 분이신지 알려주고(구약성경은 예수님에 대한 증언이다. 요5:39) 이 땅에서의 삶의 방향과 원칙을 제시해 주기 때문이다.
　십계명에서는 네 이웃에 대하여 거짓 증거하지 말라고 명령하신다(신5:20). 여기서 '이웃'은 절친한 친구이며, 그래서 돌봐야 하는 존재이고, 먹을 것을 내어 주고 보살피는 친밀한 사이를 뜻한다.[1] 성경은 이웃에 대해 어떻게 행하는지를 통해 그 사람의 됨됨이를 평가한다. 예컨대 입으로 그의 이웃을 망하게 하는 자는 악인이다(잠11:9). 이웃을 업신여기는 자는 죄인이다(잠14:21). 이웃을 속이고도 그냥 농담이라고 넘어가려는 자는 미친 사람이다(잠26:18-19).

하나님이 명령하신 이웃 사랑은 추상적이고 감상적인 사랑이 아니라 하나님을 왕으로 모시고 그분의 영광을 위해 살아가는 공동체가 따라야 하는 구체적이고 적극적인 지침이다. 모세는 구원받은 백성들이 서로 사랑하는 삶에 대해 이렇게 가르친다.

> [15]너희는 재판할 때에 불의를 행하지 말며 가난한 자의 편을 들지 말며 세력 있는 자라고 두둔하지 말고 공의로 사람을 재판할지며 [16]너는 네 백성 중에 돌아다니며 사람을 비방하지 말며 네 이웃의 피를 흘려 이익을 도모하지 말라 나는 여호와이니라 [17]너는 네 형제를 마음으로 미워하지 말며 네 이웃을 반드시 견책하라 그러면 네가 그에 대하여 죄를 담당하지 아니하리라 [18]원수를 갚지 말며 동포를 원망하지 말며 네 이웃 사랑하기를 네 자신과

1　'이웃'이라고 번역한 히브리어 (레아) רֵעַ (스트롱번호 7453)는 '동료, 형제, 동지, 친구, 남편, 애인, 절친한 친구'라는 뜻이다. '가축을 돌보다, 풀을 뜯어먹다, 다스리다, 친구와 사귀다, 먹다, 먹이를 주다, 친구로서 대우하다' 라는 뜻의 (라아) רָעָה (스트롱번호 7462)에서 파생되었다.

같이 사랑하라 나는 여호와이니라 (레19:15-18)

가난하든 부자든 그것은 옳고 그름을 판단하는 기준이 될 수 없다. 하나님의 나라에서는 겉모습이 아니라 오직 공의로 판단해야 한다. 하나님이 만드신 이 공동체는 서로 연결된 한 몸이기 때문에 이웃이 아프면 나도 아프게 된다. 서로 사랑하지 않으면 공동체 전체가 병들어 무너지고 말 것이다. 결국 이 모든 규정들은 하나의 계명으로 귀결된다.

"네 이웃을 네 자신과 같이 사랑하라."

사도 바울 역시 교회에게 이웃 사랑하기를 가르쳤다.

¹⁴온 율법은 네 이웃 사랑하기를 네 자신 같이 하라 하신 한 말씀에서 이루어졌나니 ¹⁵만일 서로 물고 먹으면 피차 멸망할까 조심하라 (갈5:14-15)

⁸피차 사랑의 빚 외에는 아무에게든지 아무 빚도 지지 말라 남을 사랑하는 자는 율법을 다 이루었느니라 ⁹간음하지 말라, 살인하지 말라, 도둑질하지 말라, 탐내지 말라 한 것과 그 외에 다른 계명이 있을지라도 네 이웃을 네 자신과 같이 사랑하라 하신 그 말씀 가운데 다 들었느니라 ¹⁰사랑은 이웃에게 악을 행하지 아니하

나니 그러므로 사랑은 율법의 완성이니라 (롬13:8-10)

　사랑은 율법의 완성이며, 사랑이 없이는 아무것도 아니다. 어떤 율법지킴도 그 안에 사랑이 없다면 아무런 유익이 없다. 왜냐하면 교회의 사랑은 단순한 감정이 아니라 하나님 자체이기 때문이다. 그러므로 아무리 사랑의 행위를 했더라도 하나님으로 말미암지 않았다면 그것은 참된 사랑이라고 보기 어렵다. 교회는 성령의 인도하심에 따라 성경에 계시된 하나님의 원칙과 방법대로 이웃을 사랑해야 할 책임이 있다.

　문제는 우리가 일반적인 이웃 사랑조차 실천하지 못한다는 데 있다. 우리는 좋아하는 사람, 나에게 유익을 주는 사람은 사랑할 수 있지만 불편한 사람, 미운 사람, 나에게 손해를 끼친 사람은 사랑하지 못한다. 우리에겐 여전히 사랑하기 싫은 사람이 있다. 관계는 늘 어긋나고, 마음은 쉽게 닫힌다. 이런 인간들이 모인 곳에서 사랑이라는 게 제대로 될 리 만무하다. 심지어 마음이 상하면 하나님 말씀에 순종하려는 의지조차 사라지고 원망과 불평이 터져 나온다. 율법을 지킬 수도 없고 타인을 온전히 사랑할 수도 없는 이것이 우리의 현실이다. 그런데도 성경은 끊임없이 우리에게 사랑하지 않으면 멸망한다고 말씀하신다. 우리는 대체 어떻게 해야 하는가?

　다행히 우리에게는 이웃 사랑에 대한 예수님의 가르침이 남겨져 있다. 예수님께 무엇을 해야 영생을 얻을 수 있겠느냐고 질문한 율법교사 덕분이다. 이 율법교사는 예수님께 가르침을 받으려고 찾아왔던 니고데모와는 달리 예수님을 시험하려는 악한 의도를 품고 접근한 사람이다. 그러나 우리 주님은 연약한 니고데모에게도, 완악한 율법교사에게도 복음을 선포하셨다.

누가 율법교사의 이웃인가?

이 율법교사는 율법이 하나님 사랑과 이웃 사랑으로 귀결된다는 것을 잘 알고 있었다. 그는 그걸 몰라서가 아니라 예수님을 시험하기 위해 무엇을 해야 영생을 얻을 수 있냐는 질문을 던졌다. 예수님이 율법의 핵심을 조금이라도 비껴 잘못 대답하시면 그분은 곤경에 처하게 될 것이었다. 그러나 이 대화에서 결국 곤란하게 될 사람은 율법교사 자신이었다.

[25]어떤 율법교사가 일어나 예수를 시험하여 이르되 선생님 내가 무엇을 하여야 영생을 얻으리이까 [26]예수께서 이르시되 율법에 무엇이라 기록되었으며 네가 어떻게 읽느냐 [27]대답하여 이르되 네 마음을 다하며 목숨을 다하며 힘을 다하며 뜻을 다하여 주 너의 하나님을 사랑하고 또한 네 이웃을 네 자신 같이 사랑하라 하였나이다 [28]예수께서 이르시되 네 대답이 옳도다 이를 행하라 그

러면 살리라 하시니 (눅10:25-28)

"네 말이 맞다. 네가 아는 대로 살아라. 그러면 살 것이다."

군더더기 없는 정답이다. 아는 대로 '주 너의 하나님을 사랑하고 또한 네 이웃을 네 자신 같이 사랑하며' 살면 된다. 문제는 인간이 그렇게 살 수 없다는 것이다. 인간의 곤경은 하나님이 알려주신 것을 다 지켜 행할 수 없다는 데 있다(율법교사 자신도 예외가 아니다.). 그러나 이 율법교사는 물러서지 않았다. 그는 자신의 옳음을 드러내기 위해 자존심을 걸고 다시 여쭈었다.

그 사람이 자기를 옳게 보이려고 예수께 여짜오되 그러면 내 이웃이 누구니이까 (눅10:29)

"그러면 내 이웃이 누구입니까?"

다시 말하지만 이 사람은 율법을 몰라서 질문한 것이 아니다. 그는 영생을 얻는 방법을 알고 있었다. 적어도 율법에 기록된 방법은 말이다. 그는 하나님이 누구신지 되묻지 않았다. 어떻게 사랑해야 되는지도 묻지 않았다. 스스로 하나님을 알고 있을 뿐만 아니라 이미 사랑하고 있다고 믿었던 것이다. 그는 다만 자기 이웃이 누구냐고 물었는데, 이렇게 하면 율법에 따라 쌓아 온 그의 의가 드러나 자신이 옳게 보일 것이라고 생각했던 모양이다.

예수님은 그런 율법학자에게 이야기를 들려주셨다. 그것이 유명한 '선한 사마리아인의 비유'다.

> ³⁰예수께서 대답하여 이르시되 어떤 사람이 예루살렘에서 여리고로 내려가다가 강도를 만나매 강도들이 그 옷을 벗기고 때려 거의 죽은 것을 버리고 갔더라 ³¹마침 한 제사장이 그 길로 내려가다가 그를 보고 피하여 지나가고 ³²또 이와 같이 한 레위인도 그 곳에 이르러 그를 보고 피하여 지나가되 ³³어떤 사마리아 사람은 여행하는 중 거기 이르러 그를 보고 불쌍히 여겨 ³⁴가까이 가서 기름과 포도주를 그 상처에 붓고 싸매고 자기 짐승에 태워 주막으로 데리고 가서 돌보아 주니라 ³⁵그 이튿날 그가 주막 주인에게 데나리온 둘을 내어 주며 이르되 이 사람을 돌보아 주라 비용이 더 들면 내가 돌아올 때에 갚으리라 하였으니
>
> (눅10:30-35)

이야기를 풀어보면 이렇다. 어떤 사람이 예루살렘에서 여리고로 내려가다가 강도를 만났다(이 사람은 물론 유대인이다.). 그는 가진 것을 다 빼앗기고 매를 맞아 거의 죽을 지경이 되어 길가에 버려졌다. 마침 그 길을 지나던 제사장과 레위인이 그를 보았지만 피해서 지나갔다. 그들이 그렇게 한 데는 이유가 있었

다. 당시 율법에 따르면 죽은 시신이나 죽어가는 사람을 만지면 자신도 부정하게 되어 성전 예배에 참여할 수 없었기 때문이다. 그들은 율법을 지키기 위해, 또는 자신의 안전과 종교적 의무를 위해 강도 만난 사람을 외면하고 지나친 것이다.

그러나 그때 한 사마리아 사람이 그 길을 지나가다 쓰러져 있는 이 유대인을 보았다. 당시 유대인과 사마리아인은 원수처럼 지내던 사이였다. 그런데도 이 사마리아 사람은 불쌍한 마음이 들었다. 그는 즉시 강도 만난 사람의 상처를 돌보고 기름과 포도주를 부어 치료한 뒤, 자신의 짐승에 태워 주막으로 데려가 밤새 돌보며 간병했다. 다음 날 그는 주막 주인에게 데나리온 둘을 건네며 비용이 더 들면 돌아오는 길에 갚겠다고 약속하고는 길을 떠났다.

이 비유를 들려주신 후 예수님은 그에게 물으셨다.

> ³⁶네 생각에는 이 세 사람 중에 누가 강도 만난 자의 이웃이 되겠느냐 ³⁷이르되 자비를 베푼 자니이다 (눅10:36-37a)

> "네 생각에는 이 세 사람 중에 누가 강도 만난 자의 이웃이냐?"
> "자비를 베푼 자입니다."

이 비유는 곤경에 처한 이를 그냥 지나치지 말고 이웃으로 삼아 그를 도우라는 교훈의 말씀이 아니었다. 예수님은 스스로 율법을 지킨다고 자부했던 율법교사가 오히려 강도 만난 자와 같은 형편에 놓여 있음을 드러내셨다. 율법교사는 지금까지 대단한 착각 속에 있었다. 그는 이웃을 사랑하기보다 먼저 이웃의 돌봄을 받아야 하는 처지였다. 그 어떤 인간도 다른 인간을 도울 수 없었다. 하나님의 아들 예수 그리스도만이 이스라엘의 이웃이 될 능력이 있는 존재다. 그분이 유일한 구원자시다.

 율법을 완벽하게 지킬 수 있는 인간은 아무도 없다. 온 율법을 지키다가 하나만 어겨도 전체를 범한 것과 같다(약 2:10). 마음 속에 악한 것밖에 없는 인간이 마음을 다해 하나님과 이웃을 사랑할 수 있을 리가 없다. 율법을 어긴 자를 기다리고 있는 것은 결국 사망이다(롬 6:23, 약 1:15). 인간은 이미 죽은 목숨이다.

 예수님이 강도 만난 자의 이웃이 누구냐고 물으셨을 때, 율법교사가 '사마리아인'이라는 말을 입에 담지 못한 것은 사마리아인에 대한 유대인의 뿌리 깊은 혐오 때문이다(유대인들은 사마리아인을 극도로 경멸하며 그들을 해쳐도 큰 죄로 여기지 않았다.). 상종조차 하지 못할 더러운 사마리아인이 그의 몸을 만지고 들어올려도 저항할 수 없는 그의 상태를 폭로하신 예수님의 말씀은 율법교사에게 깊은 굴욕을 안겼을 것이다.

"얘야, 너는 네가 이웃을 사랑할 수 있다고 생각하지만, 실

은 강도를 만나 거의 죽은 채 버려진 자와 다름없단다."

하나님이 선택하신 백성인데도 제사장과 레위인으로 대표되는 율법으로 생명을 얻을 수 없었고, 열방의 식민통치를 받아오며 만신창이가 된 채 그저 죽음만 기다리던, 율법교사를 포함한 이스라엘이 바로 강도 만난 자였다.

예수께서 이르시되 가서 너도 이와 같이 하라 하시니라
(눅10:37b)

안타깝게도 율법교사는 대답하지 못했다. 성경에 그는 더 이상 등장하지 않는다. 예수님과 율법교사의 대화는 끝났지만, 성경은 여기서 멈추지 않고 구원자 예수님의 이야기를 계속 들려준다. 그분은 십자가에 매달려 인간에게 새 생명을 주셨다. 그분은 은혜로 우리를 구원하시고, 당신과 한 몸이 되게 하시며, 친히 생명의 떡이 되어 우리를 먹이시고 자라게 하신다. 인간은 하나님도 이웃도 사랑할 수 없지만, 하나님이며 인간이신 예수님은 그런 인간의 이웃이 되어 사랑과 은혜를 베풀어 주셨다.

율법교사가 던진 "내 이웃이 누구인가?"라는 질문은 매우 위험한 것이었다. 내가 누구를 사랑할 형편이 못 된다는 사실이 폭로되면 어떻게 하나? 내가 가장 싫어하고 혐오하는 자가 나를 사랑하여 구해줄 나의 이웃이라면 나는 어떻게 해야 하는가? 게다가 내가 그를 내 몸처럼 사랑해야 영생을 얻을 수 있다니!

율법교사에게 사마리아인이 혐오스러운 존재였듯이 유대인들에게 이스라엘의 메시아 예수가 그런 존재였다. 그들은 자신들의 유일한 이웃을 사랑하지 못했고 결국 그분을 십자가에 못 박도록 넘겨주고 말았다.

> "그(예수)는 전적으로 누가복음 10:29 이하에서 말한, 강도를 만난 자에게 자비를 베푼 – 그리고 이로써 그의 이웃임을 입증한 – 사마리아인이다. 이 비유가 '가서 같은 일을 행하라!'라는 말로써 끝난다면, 이것은 '나를 따르라'와 같은 뜻이고, 저 율법교사의 질문 '누가 내 이웃입니까?'에 대한 단호한 답변이다. 인간 예수를 뒤따를 때 누가 그의 이웃인지 발견된다. (예수는 인간을 위해 있다는 명제는) 니케아-콘스탄티노플 신앙고백의 두 번째 조항에 재서술된 것으로 요약될 수 있다: 그는 우리 인간과 우리의 구원을 위해서 하늘로부터 내려왔고 성육신하였다. 하나님의 아들이 인간 예수와 동일하게 된 것은 '우리를 위해서', 동료 인간을 위해서 일어났다: '우리의 구원을 위해서', 동료 인간의 사마리아인이 되기 위해서.
> …

> 그는 원래, 본래 인간에 대한 하나님의 말씀이고, 이렇게 그는 인간을 향하여 정해져 있고, 인간과 연관되어 있고, 이렇게 그는 인간과 우연히, 외적으로, 추후적으로가 아니라 필연적으로, 내면적으로, 근본부터 처음부터 연관되어 있다. 이런 영원한 관계에 근거해서 그는 시간 속에서 인간의 이웃이자 구원자로 입증되었다."
>
> _칼 바르트, 『교회교의학 III/2: 창조에 관한 교의』, (대한기독교서회, 2017), p.246

성령이 임하시면 너희가 권능을 받고

십자가에서 죽으심으로 인간에게 새 생명을 주신 예수 그리스도만이 인간을 구원하는 이웃이다. 내가 혐오하고 거부했던 하나님이 나를 살리셨다. 나는 미워했는데 그분은 사랑하셨다. 이제 그분은 사랑받은 우리들에게 "너희도 사랑하라"고 명령하신다. 이는 그분께 받은 사랑을 따라, 우리도 주님처럼 사랑하며 살아보라는 영광스러운 부르심이다.

이 부르심에 응답하기란 쉽지 않다. 앞서 우리는 예수님의 부활 소식을 듣고도 두려워 도망치며 아무 말도 하지 못했던 여인들의 이야기를 읽었다. 복음서에 따르면, 부활하신 주님을 목격한 제자들조차 유대인들을 두려워해 문을 잠그고 숨어 있었다(요20:19). 인간은 사랑도 증언도 스스로의 힘으로는 할 수 없는 존재였다.

핵심은 성령이다. 그런 그들에게 오순절에 성령이 임하시자 그때부터 그들은 담대하게 예수님에 대해 이야기하기 시작했다. 사도행전에 기록된 제자들의 설교는 모두 이런 증언이었다. 베드로의 첫 설교는 강도 만났던 자가 마침내 구원자에 대해 증언하기 시작한 순간이었다.

> ³⁴다윗은 하늘에 올라가지 못하였으나 친히 말하여 이르되 주께서 내 주에게 말씀하시기를 ³⁵내가 네 원수로 네 발등상이 되게 하기까지 너는 내 우편에 앉아 있으라 하셨도다 하였으니 ³⁶그런즉 이스라엘 온 집은 확실히 알지니 너희가 십자가에 못 박은 이 예수를 하나님이 주와 그리스도가 되게 하셨느니라 하니라 (행2:34-36)

자신들의 손으로 이방인에게 넘겨 십자가에 못 박아 죽인 '혐오스러운 자' 예수가 주와 그리스도라니, 유대인들에게 이보다 불쾌한 말이 또 있을까? 그러나 제자들은 담대히 증언할 수밖에 없었다. 제자들이 아니라 성령의 능력이었다.

나면서부터 걷지 못했던 이가 예수님의 이름으로 치유된 사건은 이 증언의 생생한 열매였다(행3장). 이때도 제자들은 예수님의 구원을 담대히 선포했다.

> ¹³아브라함과 이삭과 야곱의 하나님 곧 우리 조상의 하나님이 그의 종 예수를 영화롭게 하셨느니라 너희가 그를 넘겨 주고 빌라도가 놓아 주기로 결의한 것을 너희가 그 앞에서 거부하였으니 ¹⁴너희가 거룩하고 의로운 이를 거부하고 도리어 살인한 사람을 놓아 주기를 구하여 ¹⁵생명의 주를 죽였도다 그러나 하나님이 죽은 자 가운데서 그를 살리셨으니 우리가 이 일에 증인이라 ¹⁶그 이름을 믿으므로 그 이름이 너희가 보고 아는 이 사람을 성하게 하였나니 예수로 말미암아 난 믿음이 너희 모든 사람 앞에서 이같이 완전히 낫게 하였느니라 (행3:13-16)

유대인들이 아무리 듣기 싫어해도 제자들은 증언할 수밖에 없었다. 성령을 받은 그들에게 예수님이 사람을 살리는 능력이 있는 분, 구약에 예언된 바로 그 메시아, 이스라엘의 왕이시라는 이야기는 반드시 전해야 할 진리였다. 사랑받은 자로서 그들을 사랑하신 이웃에 대해 거짓 증거 할 수 없었다.

베드로가 과거 계집종의 질문 앞에서 세 번이나 예수님을 부인했던 연약한 자라는 사실은 성령의 능력을 분명히 드러낸다. 베드로가 제자다운 삶을 살거나 율법을 지켜 증언할 자격을 얻은 것이 아니었다. 제자들 모두가 예수님을 배신했던 믿음 없는 죄인들이었지만 약속대로 성령이 그들에게 임하자 비로소 그들은 예수님의 이름이 하나님의 이름이며 사람을 살리고 생명을 주는 이름임을 알았다. 그러므로 제자들의 담대한 증언은 그들의 의지나 공로가 아니라 **하나님의 역사**였다.

예수님 안에 부활이 있다고 가르치는 것을 반대한 이들에게도 제자들은 또 다시 증언했다. 그들은 자신들이 보고 들은 바를 증언하지 않을 수 없었다.

> 8이에 베드로가 성령이 충만하여 이르되 백성의 관리들과 장로들아 9만일 병자에게 행한 착한 일에 대하여 이 사람이 어떻게 구원을 받았느냐고 오늘 우리에게 질문한다면 10너희와 모든 이스라엘 백성들은 알라 너희가 십자가에 못 박고 하나님이 죽은 자 가운데서 살리신 나사렛 예수 그리스도의 이름으로 이 사람이 건강하게 되어 너희 앞에 섰느니라 11이 예수는 너희 건축자들의 버린 돌로서 집 모퉁이의 머릿돌이 되었느니라 12다른 이로써는 구원을 받을 수 없나니 천하 사람 중에 구원을 받을 만한 다른 이름을 우리에게 주신 일이 없음이라 하였더라 (행4:8-12)

이 참된 증언을 통해 이스라엘의 하나님은 영광을 받으셨다. 유대인 관리들은 이를 듣고 불쾌히 여겨 이를 갈았지만, 그들의 손으로 못 박아 죽인 예수가 하나님이 택하신 구원자임을 선포한 제자들의 증언은 멈추지 않았다. 핍박 속에서도 팔천 명이 넘는 이들이 예수님을 메시아로 믿게 되었다(행2:41, 4:4).

참으로 놀라운 열매다. 과연 이 열매를 사람이 맺었다고 할 수 있겠는가? 이 열매는 전적인 하나님의 은혜이며 신비다.

율법교사는 그의 이웃을 사랑했을까?

제자들이 이렇게 담대하게 이웃에 대해 참된 증언을 하게 된 원인은 단 하나, 예수님께서 **율법을 완성**하셨기 때문이다. 하나님을 사랑하여 온전히 순종하신 그분은 죄인들의 이웃이 되셔서 당신의 살과 피를 내어 주시며 친히 우리를 먹이셨다. 이 땅에서 하늘의 일을 이루셔서 인간을 구원하신 **예수 그리스도의 믿음**이다. 그 예수를 하나님께서 살리셔서 우리를 의롭다 하셨다(롬4:25).

예수님의 십자가 앞에서 인간은 율법을 지킬 수 없고 스스로 구원할 수 없는 죄인임이 폭로되었다. 내가 강도 만난 자임이 밝혀지고, 내가 혐오하던 사마리아인이 나를 구원했다는 수치스러운 사실이 드러났다. 그러나 사랑받은 자는 자신을 구한 이웃을 찬양하며 그분에 대해 증언할 수밖에 없다. 그 증언으로 인해 핍박을 받더라도 선하신 그분을 말하지 않을 수 없다. 약속하시고 이루신 이스라엘의 하나님과 그분의 아들 예수 그리스도, 그리고 아들의 영인 성령님이 천지를 창조하시고 세상을 운행하시는 한 분 하나님이시라고 - 삼위일체의 하나님을 선포할 수밖에 없다. 논리나 교리로 설득하려는 것이 아니라, 그저 내가 받은 은혜를 전할 뿐이다. 이 죄인에게 베푸신 하나님의 사랑을 말할 수밖에 없다. 예수 그리스도의 십자가에 휘말려 그분과 연합된 **인간의 믿음의 행동**이다.

이런 사람은 이제 거짓 증언하지 않아도 되는 자유를 누린다. 구원하신 그분의 십자가를 부끄러워하지 않고 자랑한다. 연약한 죄인이라는 자기 처지를 감추지 않아도 된다. 이 얼마나 감사한 일인가!

중환자에게 진실을 숨기는 것은 친절이 아니다. 그것은 그의 생의 마지막 순간에 가족들과 친구들 그리고 하나님과 화해가 가져다주는 기쁨을 빼앗는 행위다.[2] 하나님은 우리 처지의 진실을 알려주신다. 우리가 구제불능인 강도 만난 자라는 사실을. 예수님은 십자가에서 우리를 새롭게 낳으셨다. 우리는 그 진실을 두려움 없이 받아들이는 자로 거듭났다. 여기서 자유가 온다. 그리하여 이 진실을 있는 그대로 증언할 수 있게 된다

"여러분, 우리는 구제불능이며 죽은 목숨입니다.
그럴지만 괜찮습니다.
하나님이 이미 우리를 사랑하고 계시기 때문입니다.
예수님의 십자가가 그 증거입니다."

---

2 스탠리 하우어워스, 윌리엄 윌리몬, 『십계명』, (복있는사람, 2007), p.181.

예수님을 시험했던 율법교사는 자신이 구제불능이라는 사실을 받아들이지 못했던 것 같다. 누가복음을 한 장만 넘기면 율법교사들이 예수님께 반발하는 장면을 만나게 된다.

> ⁴⁵한 율법교사가 예수께 대답하여 이르되 선생님 이렇게 말씀하시니 우리까지 모욕하심이니이다 ⁴⁶이르시되 화 있을진저 또 너희 율법교사여 지기 어려운 짐을 사람에게 지우고 너희는 한 손가락도 이 짐에 대지 않는도다 ⁴⁷화 있을진저 너희는 선지자들의 무덤을 만드는도다 그들을 죽인 자도 너희 조상들이로다 ⁴⁸이와 같이 그들은 죽이고 너희는 무덤을 만드니 너희가 너희 조상의 행한 일에 증인이 되어 옳게 여기는도다 (눅11:45-48)

> 화 있을진저 너희 율법교사여 너희가 지식의 열쇠를 가져가서 너희도 들어가지 않고 또 들어가고자 하는 자도 막았느니라 하시니라 (눅11:52)

이 말씀은 예수님이 바리새인들에게 율법의 모양만 지키고 하나님께 대한 사랑은 버렸다고 질책하실 때, 옆에서 듣고 있던 한 율법교사가 덩달아 모욕감을 느껴 반발하는 장면이다. 예수님을 시험했던 율법교사도 비슷한 감정이지 않았을까 추측해 본다. 그러나 예수님은 멈추지 않으시고 그들이 꽁꽁 숨겨 잘 포장해 감춰둔 죄악을 적나라하게 폭로하셨다. 그들은 중환자였다. 그들은 속히 하나님과 화해해야 하는 존재였다. 예수님은 이들에게 진실을 알려주신 것이다.

그러나 진실을 받아들이는 것 역시 인간의 힘으로 할 수 없는 하나님의 일이다. 예수님을 시험했던 율법학자에게 성령이 임하셨다면 그 역시 예수님을 찬양하고 감사하며, 그분이 자신에게 베풀어 주신 새 생명의 은혜를 증언했을 것이다. 동족 유대인들의 비난과 배척을 감수하더라도, 자신의 이념, 신념, 부모와 민족에게서 물려받은 모든 것을 뛰어넘어, 사랑받은 자로서 해야 할 말을 하게 되었을 것이다. 그 역시 그리스도의 몸 된 교회가 되어 세상을 향해 그가 구원자이며 나와 너는 강도 만난 처지라고 증언했을 것이다.

"그가 죽은 목숨이던 나를 사랑으로 살리셨다. 너도 강도 만난 자처럼 쓰러져 있지만, 너를 사랑으로 일으키시는 분이 계신다. 너와 내가 십자가에 못 박아 죽인 예수가 그리스도시다."

아직까지도 이스라엘은 넘어져 있지만 하나님은 그들의 눈과 귀를 열어 그들의 메시아를 알아보게 하실 것이다. 그들의 넘

> 어짐으로 구원이 이방인에게 이르러 세상이 풍성해졌으니 그들이 회복될 때 하나님은 당신의 나라를 완성하실 것이다(롬 11:11-12).
>
> 깊도다, 하나님의 지혜와 지식의 풍성함이여(롬11:33)!

하나님께서는 택하신 이들을 통해 놀라운 구원의 일을 행해 오셨다. 그래서 그 복음이 오늘날 우리에게까지 전해졌다. 우리가 그 말씀을 듣고 예수님의 십자가를 자기 십자가로 지고 그분을 따르는 자가 되었다면, 우리 역시 우리를 사랑하신 그분을 예배하며 세상을 향해 무례함이 아닌 사랑으로 증언할 것이다. 이것이 우리의 영광스러운 책임이며 또한 살아있는 이유이다.

¹⁵너희가 나를 사랑하면 나의 계명을 지키리라 ¹⁶내가 아버지께 구하겠으니 그가 또 다른 보혜사를 너희에게 주사 영원토록 너희와 함께 있게 하리니 ¹⁷그는 진리의 영이라 세상은 능히 그를 받지 못하나니 이는 그를 보지도 못하고 알지도 못함이라 그러나 너희는 그를 아나니 그는 너희와 함께 거하심이요 또 너희 속에 계시겠음이라 ¹⁸내가 너희를 고아와 같이 버려두지 아니하고 너희에게로 오리라 ¹⁹조금 있으면 세상은 다시 나를 보지 못할

것이로되 너희는 나를 보리니 이는 내가 살아 있고 너희도 살아 있겠음이라 [20]그 날에는 내가 아버지 안에, 너희가 내 안에, 내가 너희 안에 있는 것을 너희가 알리라 [21]나의 계명을 지키는 자라야 나를 사랑하는 자니 나를 사랑하는 자는 내 아버지께 사랑을 받을 것이요 나도 그를 사랑하여 그에게 나를 나타내리라 (요14:15-21)

성령께서 여전히 신실하게 일하신다. 그러므로 반드시 신비로운 열매들이 맺혀지게 될 것이다. 주님께서 다시 오셔서 모든 것을 완성하실 그 때에 농부께 드릴 성령의 열매가 가득하길 기대한다. 그날에는 너와 내가 사랑하고, 우리들은 하나님을 사랑하고, 그런 우리는 서로 놀라워할 것이며, 어느 누구 하나 자랑하는 자 없이 이 역사를 이루신 은혜의 하나님을 찬양하게 될 것이다.

할렐루야! 그날이 속히 오기를!

구원에 이르는 믿음

지은이 김민규

발행일 2025. 6. 28. 초판 1쇄
편 집 나은영
펴낸이 나은영
펴낸곳 도서출판 인오 In Awe
등록번호 제2021-000051호
전 화 02-532-3901
팩 스 0504-027-3901
  inawebook@naver.com
  http://blog.naver.com/inawebook

ISBN 979-11-987370-2-1

값 8,500원